신^新
행복이론

新
신
행복이론

THE NEW HAPPINESS THEORY

류익수 지음

행복은 어디에서 오는가?

행복한 삶은 누구나 꿈꾸는 이상향이다.

바른북스

그런데도 행복에 대한 개념의 차이가 이토록 커야만 하는 것일까?

고독에 몸부림치던 청춘은 술과 담배가 유일한 위로가 되었고, 답을 찾기 위해 수없이 방황하며 세월에 반항도 해보았지만, 나이만 늘어날 뿐 뒤돌아서면 문제조차 기억이 안 나던 과거의 시간들이었다.

수십 년이 지났어도 내적 변화는 달라진 게 하나도 없었다는 점이 나를 더 외롭게 하였다. 다른 사람들의 책 속에서 때로는 그들의 생각 속에서 답을 찾고자 했으나, 수십 년 전이나 지금이나 고립된 고정관념은 변화가 없었다. 세상이 바뀌었어도 사람은 바뀐 게 하나도 없다. 물질적 환경만 달라졌을 뿐이다.

결국 직접 답을 찾기 위해 펜을 들 수밖에 없었다. 아무도 가지 않는 길을 혼자 가려니 헤매기도 하였지만, 이론적 고찰의 의미를 스스로 부여하며 고뇌의 즐거움을 누려보았다.

인류의 가장 보편적인 목표인 행복에 대하여 과거 위대한 사상가들이 제시하지 않았던 생각들을 조심스럽게 여기서 꺼내보려고 한다. 기존 이론들의 한계성으로 인하여 해결될 수 없었던 부분들을 독창적인 방법으로 분석하였다.

상대적이고 주관적인 행복의 특성상 철학적 개념의 성찰도 필요하다. 물론 이 책은 철학 전문 서적도 아니고, 경제학 및 심리학, 사회학 전문 연구 서적도 아니다. 답을 찾기 위해 과거 수많은 이론들의 추상적 접근법은 지양하고, 여러 분야의 학문적 이론을 도입하여 좀 더 과학적, 체계적 접근 방법론을 제시하고자 한다.

나의 이 책은 연구 분야의 전문학자가 아니기에 학문적, 학술적 지식과 이론이 결여되었을지도 모른다. 그래도 이러한 시도가 또 다른 학문으로서의 자극이 되어 연구 발전하는 계기가 되었으면 한다.

행복은
어디에서 오는가?

the theory of new happiness

당신은 지금 행복하십니까?

불행하다고 느끼십니까?

당신의 과거는 행복하였습니까?

불행했다고 생각하십니까?

그렇다면 당신의 미래는 행복할 것 같습니까?

언제부터 행복할 것 같습니까?

또는 언제까지 그 행복이 유지될 것 같습니까?

죽기 직전 그 순간까지일까요?

그 후에도 계속될까요?

...

우리들은 살면서 이와 같은 질문을 수없이 해오곤 한다. 그러나 행복은 오는 것도 가는 것도 아니다. 마음에서 스스로 창조되는 피조물로서 본인 자신에 의해서 스스로 창조되기도 하고 소멸되기도 한다. 타인의 것이 아닌 오로지 나만의 유일한 소유물로서 이것은 타인에게 빼앗기는 것이 아니라 소멸될 뿐이다.

행복한 삶을 살기 위해서 성공을 목표로 인생의 전부를 걸고 도전하기도 한다. 그러다 보니 너무 바쁘게도 살고, 남들에게 각박하게 굴기도 하고, 때로는 후회할 걸 알면서도 고의로 실수하기도 한다. 가족의 행복을 위하여 어쩔 수 없었다고, 당연한 듯 용서를 빌기도 한다. 행복이 먼저인지, 성공이 먼저인지, 욕망이 먼저인지도 때로는 헷갈리기도 한다. 성공을 위하여 앞만 바로 보고 직진하며 달려왔건만, 뒤돌아보니 굴곡진 세월의 흔적들뿐이고…

인생의 의미를 굳이 찾자면, 수많은 절실했던 시험과 도전의 성취에서 찾으려고 애쓰게 된다. 삶의 의미 측면에서 본다면, 성공한 사람이 다 행복한 사람은 아니지만 행복한 사람은 다 성공한 사람이다.

'배부르고 등 따듯하면 행복한 거지…'
'하루 삼시 세끼 배불리 먹으면 그만이지'
'비 피해서 누울 자리만 있으면 성공한 거 아닌가'

아마도 이러한 물음은 인류의 영원한 숙제인지도 모른다. 그것은 행복에 대한 막연한 개념 때문에 더욱 그렇다. 그것이 이 문제에 접근해 보고자 행복의 기준에 대한 필요성이 제기된 이유이다. 행복의 가치에 대한 개념 정립이 전제되어야 하는데, 이는 행복의 인식 관점 차이에서 오는 사회적 문제와 결부되기 때문이다.

그렇다면 행복의 개념 및 가치에 대한 판단 기준을 무엇으로 할 것인가? 개념의 보편 타당성은 존재하는가? 절대가치 평가 기준으로 할 것인가? 아니면 상대가치 평가 기준으로 할 것인가? 같은 문제에 직면하게 된다. 그리고 행복의 기준으로서 판단된 요소가 만약 그 기준 조건에 대한 적합성을 상실했을 경우, 이를 불행이라고 볼 수 있는가?

행복에 대한 정의는 국가별 문화적 차이에 따라 다양하게 나타난다. 언어적 용어의 차이도 다르게 표현하고 있다. 동양에서는 주로 내면의 평화로움을 중시하는 편이고, 서양에서는 일반적으로 즐거움을 누릴 수 있는 조건을 뜻한다. 행복의 개념은 시대적 역사적 변동성, 환경적 차이, 사회적 유동성, 주관적 차등성 등 다양한 특성을 지니고 있어서, 보편타당하고 일반적으로 개인에게 적합한 기준을 제시하기가 어려웠다. 그래서 특성에 따른 문제를 해결하고자, 행복을 요소별로 접근하고, 가치의 개념을 도입하여 적합성을 판별하였다. 절대가치와 상대적 가치의 기준에 따라 분류 비교하게

행복은 어디에서 오는가?

되는데, 상대적 가치는 개인적 특성을 고려하여 대체 가능성에 따라 세분화하고 행복 요소의 적합성을 평가하게 된다.

기존의 행복이론들은 가치 개념에 대한 구분 기준 없이 역사적 상황에 따라 획일적으로 접근해 왔다. 이러한 접근 방법론으로 인해 수많은 시대적 착오와 주관적 오류를 범해왔고, 일반적 보편 타당성을 상실해 왔던 것이 사실이다. 국가적, 사회적, 역사적, 환경적 상황에 따라 진리도 변화해 왔다. 하지만 인류의 기본권인 행복 추구권은 특권층에게는 인류사의 변함에 관계없이 항상 그대로 존재해 있었고, 그들에게만 보장된 특권이었다. 인류의 역사 수천 년 동안 제한되었던 행복이 모두에게 빗장을 풀어준 것도 불과 백여 년밖에 안 되었다는 사실이다. 인간의 존엄성도 인권을 보장하기 때문이었건만, 이율배반적인 인류를 철학하기엔 너무 오랜 시간이 흘러온 것은 아닐까? 부끄럽기만 하다.

행복이란 일반적으로 생활 속에서 충분한 만족과 살고 있는 기쁨을 느끼는 흐뭇한 상태를 말한다. 그래서 요즘 사람들은 물질적이거나 사회적 욕망을 아주 조금이라도 충족하게 되면 그런 상태를 행복이라고 확신하는 경향이 있었다. 그것은 아마도 매스컴의 소소한 행복 캠페인 때문은 아닐까? 아주 작은 것에도 감사하고 만족할 줄 아는 여유로운 삶, 행복을 만들어 가는 삶의 자세, 긍정적인 삶의 모습이어서 좋긴 하나 때로는 좀 과대 포장되었고 너무 피상적으로 행복을 강요한다는 느낌이 들기도 한다.

고대 그리스의 철학자들조차도 다양한 행복론을 추구해 왔다. 개인 차원의 균형보다는 국가 차원의 정치적 조화를 우선시하여 거시적 측면에서 행복을 접근하였다. 시민의식과 질서유지는 공동체와 분리할 수 없는 전체론적 관점에서 개인의 행복이 존재할 수 있었다.

플라톤은 '선하게 사는 사람은 행복하고 그렇지 않은 사람은 불행하다'라고 정의하였는데, 고귀하고 선한 자 곧 정의로운 자는 행복하고, 정의롭지 못한 자는 불행하다고 하였다. 선의 이데아, 즉 선한 삶, 정의로운 삶이 행복이다. 이는 사회적 공동체에서의 행복만 의미하고 개인적 주관적 쾌락은 불행이라고 보았다.

아리스토텔레스는 행복이 최고의 선이라고 하여. 행복한 삶은 이성적으로 사유하고 행동하는 덕스러운 삶으로써 중용의 덕을 알고 실천하는 행위에서 느끼는 만족과 기쁨이라고 하였다. 완전히 자유로운 이성적 활동, 최고의 덕과 지혜가 결합되었을 때, 행복의 최고단계가 실현된다고 보았다. 일시적이고 순간적인 것, 단순한 만족감은 행복이라고 보지 않았다.

좁은 의미에서의 행복은 개인의 주관적, 본능적 욕망 충족으로서의 쾌감을 말하는데, 『유물론』의 마르크스는 물질적 욕망 충족이 행복이라고 정의하였다. 욕망은 생활에서 충분한 만족을 충족시키고자 하는 것이며, 동시에 삶의 기쁨을 충족시키는 것이라고 한다. 넓은 의미에서의 행복은 사회적, 역사적 및 문화적 만족과 기쁨을 말한다. 이는 플라톤, 아리스토텔레스, 스피노자, 칸트 등이 주장한 행복으로서 사회복지 안녕 또는 종교적 행복에 가깝다. "최고의 선이 행복이다."라고 하여, 도덕적 실천주의 사상을 기반으로 한다. 넓은 의미의 행복을 이루었을 때, 인간의 삶의 의미와 가치가 있다고 보았다.

임마누엘 칸트는 경험적 자연 세계에서 인간이 누리는 주관적 행복이 있고, 실천철학(윤리적)으로서의 도덕법칙에 의한 최고의 덕에서 최고의 행복이 있다고 한다. 여기에 인간의 삶에 대한 의미와 가치가 있다고 보았다. 행복을 그 자체로서 추구해서는 안 되고, 반드시 도덕의 결과로서 성취해야 한다고 주장했다. 행복해질 자격이 있는 사람인가를 중요시한다. 도덕적으로 올바른 행동에서 오는 행복만을 진정한 행복이라고 보았다.

불교에서는 진정한 행복을 삶의 고통으로부터 완전히 벗어나는 것, 자아의 존재가 없는 상태, 또는 해탈의 경지, 즉 열반에 오르는 것이라고 한다. 현실에서의 인간의 삶은 절대 행복해질 수 없다는 의미일까?

이와는 반대로 기독교에서는 예수님을 믿음으로써 구원받고 영원한 행복을 찾을 수 있다고 한다. 즉, 현실에서의 구원이 곧 행복을 의미한다. 성경에 의하면 하나님의 사랑과 축복, 은혜를 통해 말씀대로 사는 것이 진정한 행복(눅 11:28)이라고 한다. 따라서 이미 구원을 받았으니 행복한 것이고, 그러니 항상 주 안에서 기뻐하고, 기도하고, 감사하라(살전 5:16)고 한다.

그리스의 쾌락주의 학파 철학자들은 초기에는 물질적 쾌락에서 행복을 찾았고, 그 후 정신적 쾌락으로 한층 더 승화시켰다. 벤담의 공리주의는 적극적 쾌락주의로 쾌락이 곧 행복이고 최대 다수의 최대행복이 보장되는 사회가 가장 바람직한 사회라고 보았다.

근대 사상에 와서는 행복의 개념이 종교적 이상향 색채를 띠게 된다. 실존주의 철학자 키에르케고르는 1단계 미적 실존에서 행복은 쾌락이고, 2단계 윤리적 실존에서는 행복은 사랑이고, 3단계 종교적 실존에서는 최고의 행복이 신앙이라고 한다. 각 단계를 높이기 위해서는 형식적, 양적 발전을 해야 하고, 질적 도약을 통해서 최상의 궁극적 행복을 이룰 수 있다고 한다.

사르트르는 『실존주의는 휴머니즘이다』에서 인간의 본질이 아닌 실존 측면에서 접근하였다. 인간이 자유와 책임과 양심을 가지고 현실에서 어떻게 존재하고, 삶을 이끌어 나가야 하는지 과정을 행복이라고 보았다.

현대에 와서는 존 롤스(John Rawls) 하버드대학 교수는 『정의론』에
서 정의롭고 공정한 사회에서의 삶의 상태를 행복이라고 보고 있다.
공정하고 정당한 분배 그리고 공동체 및 타인과의 상호 의사소통
에 의한 합의 절차를 통해 이루어진다는 것을 전제로 하고 있다.

심리학에서의 행복은 전통적으로 매우 주관적인 관점하에 추
상적, 관조적, 조건적, 감정적인 느낌 상태로 표현해 왔다. 긍정심리
학의 디너(Ed Diener) 교수는 행복의 개념에 대해 주관적 안녕감으
로 정서적 기쁨과 인지적 만족을 추가하였고, 마틴 셀리그만(Martin
Seligman) 교수는 참된 삶으로서의 만족과 긍정 정서의 도덕적 행
위로 확대하였고, 웰빙이론에서는 목표인 플로리시가 행복 그 이상
의 최고 상태라고 한다. 그런데 긍정심리학에서는 부정적 감정 및
정서를 무조건 불행이라고 정의하고 있다. 슬픔, 눈물, 외로움, 고독
감 등등…

행복을 위해서는 부정적 감정 및 정서를 제거해야 한다고 한다.
하루에도 수십 번 변화하는 다양한 정서와 감정은 어떻게 설명해
야 할 것인가? 카타르시스의 평화로움, 무아지경의 고독감, 기쁨의
절정 속의 우울함, 환희의 눈물, 너무 행복해서 슬픈, 다양한 감정
의 변화 등등…

긍정적인 것도 좋지만, 과도한 자기 긍정은 때로는 삐뚤어진 나르

시시즘을 낳기도 한다.

이와 같이 행복한 삶이란, 획일화된 평가 방법으로는 접근할 수 있는 대상이 아닌 듯하다. 주관적이면서도 보편타당한 일반성을 지닌 평가 대상이기 때문에 결국, 본인 스스로 내적 가치 판단 기준 확립이 필요하다. 판단 기준의 근원은 사회적 시스템 및 인간관계에서의 신뢰도를 기반으로 해야 한다.

기존의 이론들은 행복 요소별 접근방법이 아닌 현재 생활의 전반적인 행복 상태를 알기 위한 접근방법을 쓰고 있다. 현 단계에서의 만족감의 정도 차이를 중요시한다. 따라서 최저단계 상태에서는 단순만족이므로 행복감이 아니고, 최고단계의 상태만이 진정한 행복감이라고 한다.

최고의 경지, 선의 단계, 종교적 신앙단계, 플로리시 단계, 웰빙 단계, 신선의 꿈, 열반의 단계, 영원불변의 단계, 등…

기존의 이론들은 최종목표를 제시하는 데만 급급한 결정이론들이었다. 행복감의 특성상 주관적 평가를 통해 비교하여 정도의 차이를 구분해야 하는데, 살아서 그 달콤한 향기를 맛보기는 힘들다는 뜻인가? 그러한 방법이 적합 타당한지 의문이 든다.

한 예로 우리는 가끔 삶의 소소한 것에서 행복을 느끼곤 한다. 그러나 이는 착각이다. 개념에 대한 기준 오류의 하나라고 본다. 삶

행복은 어디에서 오는가?

에 있어서 소소한 것, 큰 것, 작은 일, 큰일 등은 실제 객관적으로 구분할 수가 없다. 누군가에게는 정말 하찮은 것일 수도 있다. 각자 개인별 관점의 차이가 크다. 이는 주관적 판단 기준을 일반화하려는 관점의 차이에서 오는 기준적용 오류다. 상호 작용하는 대인관계, 사회 시스템하에서는 과거의 시간 추억조차 모든 것이 소중할 수도 있다. 개인 자신, 가족, 사회, 국가 등 모든 것이 동시에 공존하듯 다 같이 모두 소중하다고 본다.

여기에서는 개인주의, 이상주의, 국수주의 등 사상적 이론을 논하려는 것이 아니라, 주관적 생각이 행복 가치 판단 기준의 선입견 오류를 유발하는 원인이 된다는 것을 설명하고자 한다.

기존의 행복론과는 전혀 다른 새로운 접근법을 제시하기에 '신행복이론'이라고 명칭을 부여해 보았다. 기존의 고정관념으로부터의 자유, 생각으로부터의 자유, 사상으로부터의 자유 속에서 진정한 행복이 무엇인지를 찾아보고자 한다.

행복지수幸福指數에
대하여

the theory of new happiness

행복지수라함은 자신이 얼마나 행복한가를 스스로 측정하는 지수를 말한다. 영국의 심리학자 로스웰(Rothwell)과 인생상담사 코언(Cohen)이 만들어 2002년 발표한 행복 공식을 말한다.

> 행복지수 = P+(5×E)+(3×H)
>
> · P Personal : 인생관, 적응력, 유연성 등 개인적 특성
>
> · E Existence : 건강, 돈, 인간관계 등 생존조건
>
> · H Higherorder : 야망, 자존심, 기대, 유머 등 고차원 상태

3가지 요소에 의해 결정되는데, 중요도에 따라 E는 5배, H는 3배

가중치를 주었다. 국가별 행복지수는 UN산하기구인 SDSN에서 삶의 만족도를 조사하여 산출한다. SDSN은 매년 세계행복보고서를 작성하여 발표한다.

2022년도 1위는 핀란드, 한국은 57위, 아프가니스탄은 137위…

왜 한국은 세계 10위 경제력과 1인당 3만 불 국민 소득으로 선진국 수준까지 발전했는데도 행복지수가 낮을까? 그렇다면 아동 청소년들의 생활 만족도는 어떨까? OECD 경제협력 개발기구 회원국 중에서 꼴찌다. 자살률은 1위인데…

우리는 '풍요의 역설'이라는 문제에 직면하게 된다. 즉, 경제 규모는 갈수록 커지고 의식주가 해결되고 기술도 발전했는데, 왜 불행의 문제는 아직까지도 해결되지 못하고 있으며, 아직도 수많은 사람들이 행복하게 살아간다는 이상과는 한참 동떨어진 현실 생활을 하고 있느냐 하는 것이다. 이는 경제적 부가 행복을 보장하지 않는다는 방증이다.

기존의 행복지수라는 단순 수치만으로 높다고, 낮다고 위안으로 삼을 수 있을까? 위안으로 삼는 것이 적합한 생각일까? 만약 행복 요소의 판단 기준에 오류가 있다면, 기존 모수에 대한 선입견 오류가 있다면, 실체적 접근이 불가능하므로 개념에 대한 요소 재검증이 필요할 것이다. 기존의 행복에 대한 개념은 사회적 시대적 조류에 맞춰 물 흐르듯이, 당연한 듯이 획일적으로 순응해 왔다. 왜 우리는 행복의 모든 조건에 대해 한 번의 의구심을 갖는 것조차 불필요한 사항인 것처럼 느껴야만 했을까? 고정관념에 의한 인지 오류는 전혀 고려하지 않았던 건 아닐까? 행복은 일시적 감정이 아닌 지속적인 정서에 의해 만들어 가는 것이기 때문에 고정관념이 생길 수밖에 없었다.

'생각하는 대로 살지 않으면 사는 대로 생각하게 된다'

행복을 추구하는 의식적인 삶의 태도가 중요하다. 국가의 계획화된 국민 계몽운동의 시험대상자처럼 희생양이 되지 않기 위해선 행복 요소에 대한 수동적인 각인이 아닌 능동적인 인지 피드백(feedback)이 요구된다. 우리들은 언제부터인가 사회 시스템의 노예화가 되고 있었다.

이에 대한 저항정신이 바로 '신행복이론'의 가치평가 시스템이다. 삶의 질은 평생 어떤 일을 하며, 그 일을 하면서 어떤 생각을 하는지에 달려 있다. 여기에는 삶의 태도, 소명감, 가치관 등이 관련 있으며 이는 행복의 동기유발 요인이다. 우리는 때로 타인의 시선 때문에 행복에 대한 초점의 오류, 천국의 오류를 범하기도 한다. 현실이 천국인 것처럼 행복해 보이기 위해 살고 있지는 않은가?

이에 본 『신행복이론』에서는 기존의 관념을 다른 차원에서 접근

행복지수(幸福指數)에 대하여

하고 재정립하여 인지 오류로 인한 사회적 병리현상에서 벗어나 행복의 궁극적 목적 달성을 위한 해법을 제시하고자 한다.

행복은 더 이상 부족함이 없이 충만할 때 인식하고 느끼게 된다. 현실과 이상의 차이가 없을 때, 욕구 불만이 없을 때, 최상의 행복감을 느끼게 된다. 그렇다면 괴리의 차이를 줄이거나 불만의 근원을 최소화하면 해결된다는 뜻이다.

서울대 오종남 교수는 행복지수의 공식을 다음과 같이 표현하였다.

$$\text{행복지수} = \left(\frac{\text{가진 것}}{\text{원하는 것}} \right) * \beta$$

$$= \left(\frac{\text{가진 것}}{\text{가진 것}+\text{부족한 것}} \right) * \beta$$

여기서 행복지수를 높이는 방법에는 2가지가 있다.

첫째는 원하는 것을 줄이는 것, 즉 부족한 것에 대한 욕심을 줄이는 방법이다. 위와 같은 행복 지표에서 주관적 관점의 차이에 대한 변화를 경험해 보는 것은 어떨까? 실제 오늘과 내일 세상이 변하는 건 하나도 없을지라도, 현재 가진 것에 만족하고 부족한 것이 없다고 생각한다면, 욕구 불만이 없어지고 생활에 대한 만족도가 상승하게 될 것이다. 세상을 대하는 태도, 자세의 변화가 생각의 차이를 만들고 행복지수가 상승하는 긍정적 효과를 체험하게 된다.

둘째는 β변수값을 크게 늘리는 방법이다. 노력을 확대해서 기회비용을 크게 만드는 방법이다. 다음과 같이 기본공식을 다양하게 치환해 볼 수도 있다.

$$\text{행복지수} = \text{가진 것} \left(\frac{\beta}{\text{원하는 것}} \right)$$

여기서 원하는 것은 꿈, 미래 기대가치이다. 따라서 미래 기대치에 비해 β변수값을 높이기 위한 더 큰 노력과 희망, 꿈을 실현시킬 수 있는 집념이 요구된다. 미래가치 획득을 위한 희생, 대가, 기회비용을 확대할 필요가 있다. 이는 긍정적 감정유도를 통한 행복 극대화 원리의 하나라고 볼 수 있다. 따라서 변수와의 상관관계를 다음처럼 적용해 볼 수도 있다.

$$\text{행복지수} = \text{가진 것} \left(\frac{\beta}{\text{가진 것} + \text{부족한 것}} \right)$$

① 부족한 것 〉 β변수값

행복지수가 낮은 경우로 한국인들의 성향이 여기에 속한다. β변수가 낮은 원인은 치열한 경쟁, 스트레스, 사회 시스템 불만, 기득권자들에 대한 반감 등 사회적 병리현상 때문인 것으로 보여진다.

② 부족한 것 = β변수값

행복지수가 비등한 경우로서 중국인들의 성향이 여기에 속한다. 공산 사회주의 시스템 영향으로 사회 및 국가에 대한 불만이 상대

행복지수(幸福指數)에 대하여

적으로 적다. 현실에 만족하고 순응하려는 경향 때문인 것으로 보인다.

③ 부족한 것 < β변수값

행복지수가 높은 경우로서 주로 선진국, 복지국가들의 사회환경이 삶의 질을 높여주는 것으로 보고되고 있다. 선진국이 행복한 지수가 대체로 높고 후진국은 낮은 현상, 그러나 꼭 그런 것은 아니다. 후진국일지라도, 복지 수준이 낮더라도 행복지수가 월등히 높은 나라들은 얼마든지 있다. 따라서 행복에 대한 개념 정서가 재정립될 필요성이 있다고 본다.

이와 같이 국가 간의 또는 개인 성향에 따라 β변수값의 차이가 발생한다는 뜻은 행복지수의 비교 가능성을 낮추는 한계 요인이다. 국가의 지표가 구성원(국민)의 지표를 대표할 수 없다는 의미이다. 선행지수로서의 의미가 있을까? 대표성을 상실한 지표가 해당 국가의 국민에 대한 선입견만 가져온다면, 편견의 오류에 대한 책임은 누구에게 있는 것일까?

그러나 이미 고정관념화되어 버린 지표의 순위는 마치 국가 정치 지도자들의 능력을 대변하는 듯한 족쇄가 되어버린 지 오래됐다. 이젠 순위 쇠사슬 고리를 끊을 때도 된 듯하다. 부탄, 캐나다도 자

체 개발한 행복지수를 도입하고 있다. 그 외 다른 나라들도 독자적
인 국민 행복지수 개발에 정치생명을 걸기도 한다. 지표의 한계성
을 인정하면서도 아직은 계속 사용하고 있는 실정이다. 행복지수가
국가별, 정치적으로도 중요시하는 이유는 국가와 사회 발전의 성
취도를 추정할 때, 경제력 측정과 더불어 질적인 발전 상태를 비교
측정 하는 지표로 사용되기 때문이다.

로또복권에 당첨되면
행복해질까?

미국 노스웨스턴대 필립 브릭먼(Philip Brickman) 심리학 교수 연구 팀이 1978년 발표한 논문 내용이다. 복권 당첨자와 교통사고 등으로 반신마비 장애를 겪고 있는 분들의 행복도를 비교 연구했다. 복권에 당첨된 초기에는 〈도표 3-1〉처럼 당첨자들의 행복도가 상당히 높았다.

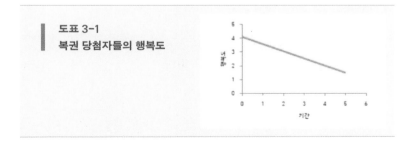

도표 3-1
복권 당첨자들의 행복도

일정 시간이 지난 후에는 장애인의 행복도가 오히려 복권 당첨자
보다 높았다.

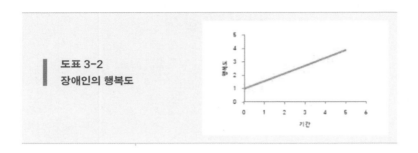

도표 3-2
장애인의 행복도

연구팀은 이렇게 행복도가 변하는 이유가 사람들이 현 상황에
적응하고 익숙해지기 때문이라고 봤다. 복권 당첨자는 굉장한 행
운아인 것이 사실이고 처음에는 모두 행복해한다. 하지만 곧 그 상
황에 적응하면서 점차 자신의 원래 행복도 수준으로 되돌아간다.
교통사고 등으로 장애를 갖게 된 사람은 처음에는 불행해한다. 하
지만 매일매일 그 상태에 적응해 가면서 행복도 역시 원상태로 되
돌아간다. 사람들은 각자 고유의 행복 수준이 있고, 단기적 사건으
로 행복도가 변할 수는 있지만, 장기적으로는 〈도표 3-3〉처럼 고유
의 행복 수준을 느낄 뿐이라고 보고 있다.

로또복권에 당첨되면 행복해질까?

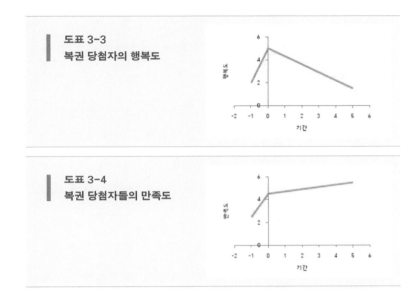

도표 3-3
복권 당첨자의 행복도

도표 3-4
복권 당첨자들의 만족도

돈이 행복도를 좌우하지 못하고 결국 이전으로 되돌아가는 경향이 있으나 만족도는 오히려 증가한다고 한다. 큰돈이 생기더라도 단기적으로는 몰라도 장기적으로 더 행복해지는 것은 아니라고 한다.

이 연구는 돈이 많다고 행복해지는 건 아니라는 점, 장애인이 다 불행하다고 느끼는 것은 아니라는 점을 밝혀내 이후 행복도 관련 분야에 큰 영향을 미쳤다.

2018년 에리크 린드크비스트(Erik Lindqvist) 스톡홀름대 교수 연구팀의 연구논문에 의하면, 당첨자들은 복권 당첨 후 삶의 만족감이 높아졌다. 복권 당첨자는 보통 사람보다 더 행복해하지는 않지만 삶의 만족감이 높았다. 행복감과 삶의 만족감은 다르다. 복권 당첨자의 행복도는 보통 사람들과 별 차이가 없지만, 삶의 만족감이 높다는 것은 전반적으로 자신의 삶을 긍정적으로 보고 있다는 의미이다. 연구팀은 이점이 복권 거액 당첨자의 삶에 긍정적 영향을 미친다고 봤다. 경제적 여유, 재정적 안정감, 소비의 증가가 삶의 만족감을 높여준다고 한다. 복권 당첨 전후의 소비 규모와 패턴의 변화 때문일 것이다.

물질적 만족으로 욕구 충족을 채워 만족감을 풍요롭게 누렸지만, 행복을 채우지는 못했다는 것이다.

여기서 다시 한번 짚고 넘어가야 할 것은 바로 삶의 행복도와 만족도는 서로 다르다는 점이다. 이 부분에 대해서는 뒤에서 좀 더 비교분석 하고, 상관관계에 대하여 상세히 다루게 될 것이다.

도파민
함정dopamine trap

the theory of new happiness

도파민은 뇌와 신체의 다른 부위에 신경세포 간 신호전달을 돕는 화학적 메신저인 신경전달물질이다. 이 중요한 화학물질은 다양한 뇌 기능에 관여하며 다음과 같은 역할을 한다.

① 보상과 처벌에 기여한다. 예측된 보상과 그 예측의 성공 여부에 관여하여 학습과 강화를 조절한다.

② 기분을 조절하고 우울증과 중독과 같은 증상에 영향을 준다.

③ 운동 조절, 의사결정, 감정, 주의력, 생각, 기억, 학습에 관여한다.

이와 같이 도파민은 뇌에서 자연스럽게 생성되는 중요한 역할을 하는 신경물질로 보상회로와 관련이 있으며, 이는 특정 행동을 선택하고 학습하는 과정에서 핵심적인 역할을 하여 행복 호르몬이라고도 부른다. 쾌락과 보상은 뇌의 진화적 원동력이며, 이러한 보상 시스템(reward system)에서 도파민이 중요한 역할을 하는 것이다. 도파민은 보상의 경험에 의해 분비되는데, 음식, 섹스, 약물과 같은 자극으로도 활성화된다. 내적 동기 활성화를 통해 해당 행동을 반복하려는 동기부여를 받는다. 흔히 기분 좋은 신경전달물질이라고도 불리는데 우리들의 일상생활 속에서 전반적인 행복감에 큰 영향을 미친다. 그래서 인류는 더 행복한 삶을 추구하기 위해 자연스럽게 도파민 수치를 높이는 방법 및 연구개발에 전념해 왔는지도 모른다.

보다 더 자극적인 것…
보다 더 화려하고 화끈한 것…
보다 더 강하고 독한 것…
보다 더…

도파민은 자극이 강하면 강할수록 많이 하면 할수록 더욱 반응에 적응되어 효과가 둔화된다. 이로 인해 더 많은 도파민을 필요로 하기에 더 강한 자극을 요구하게 되고, 이러한 상태를 도파민 중독이라고 한다. 그런데 보상회로에서의 도파민 효과는 강한 자극에도 불구하고 오히려 줄어들어 욕구 불만족이 더욱 지속적으로 발생하게 된다. 줄어든 부분만큼 더 채우려고 자극적 행동을 반복적으로 취하게 된다. 쇼핑중독, 도박중독, 마약중독 같은 현상도 여기에 속한다. 이기적 행복감의 줄어든 공허함은 아무리 채워도 채워질 수 없다는 의미이다.

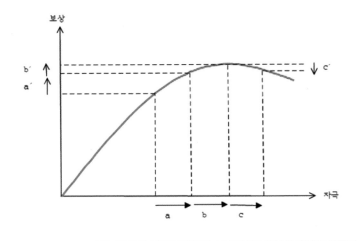

〈도표 4-1〉 도파민 효과

a = b = c

a´ > b´ > c´

위의 〈도표 4-1〉에서 자극 a에 대한 반응으로 보상 a′만큼 효과를 보았다. a와 같은 크기의 자극 b에서는 a′보다 적은 보상 b′ 반응을 한다. 이처럼 자극을 계속하게 되면 보상 효과는 점점 줄어든다. 정점 이후에는 똑같은 자극 c에서도 오히려 줄어드는 (-)보상 c′ 효과가 나타난다.

뇌의 도파민 수치가 증가하여 더 큰 보상을 위한 행동을 반복하려는 욕구가 강화된다. 결국 시간이 지남에 따라 뇌는 높아진 도파민 수치에 적응하여 내성이 생기게 된다. 결과적으로 사람은 동일한 쾌감을 얻기 위해 더 많은 보상 자극을 요구하게 되고 궁극적으로 중독에까지 이르게 된다.

도파민 함정으로 인해 행복감, 만족감은 정체성을 띠게 되는데, 이는 도파민의 한계효용체감 효과 때문일 것이다. 적당한 도파민 자극은 생활의 활력소 역할을 하여 의욕 증진, 쾌락, 우울증 해소, 에너지 발산 등 긍정적 효과가 크다. 도파민 효과를 즐기는 것도 좋지만, 너무 민감해지는 것도 바람직하지 않다. 적당한 도파민에 만족하는 자세가 필요하다. 과도한 자극은 도파민 함정에 빠지게 되어, 활력소의 의미가 퇴색하고 도파민의 노예화 되어 종속되게 된다. 그런가 하면, 도파민은 과다 시 혹은 부족 시에도 뇌 중추보상체계의 장애가 오는 부작용도 있을 수 있다.

　　　　　　　　　　　　　　　도파민 함정(dopamine trap)

도파민과 더불어 행복 호르몬 또는 안정 호르몬이라고 알려진 세로토닌(serotonin)도 우리 몸에서 중요한 역할을 하는 신경전달물 질이다. 기분 조절을 통해 정서적 안정감을 증진시키고, 뇌에서 만 족감과 행복감을 인식하게 해주는 신경전달물질 중 하나이다. 사 회적 행동에 큰 영향을 미치며 이는 사회적 상호작용에서의 만족 감이나 안정감을 유도한다.

결국 우리의 정신건강과 전반적인 행복감은 이 두 신경전달물질 의 균형에 크게 의존하고 있다는 사실이다.

생리학자인 베버의 법칙(Weber's Law)에 의하면, 처음부터 강한 자 극을 주게 되면 자극의 변화를 감지하는 능력이 약해져서 작은 자 극은 느낄 수 없으며, 더 큰 자극에만 변화를 느낄 수 있다.

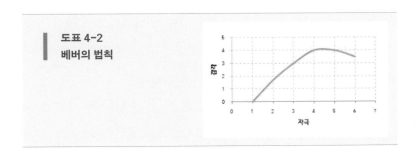

도표 4-2
베버의 법칙

호르몬 효과는 사람의 성향에 따라 다르게 나타나는데, 일반적으로 자극 추구 성향이 높은 사람들은 도파민 효과에 의존성이 강하다. 중독성이 강한 마약, 술, 게임, 도박 같은 즉각 보상체계를 이루고 있는 것들은 새롭고 더 강한 자극을 원하게 되므로 중독에 빠지기 쉽고 보상 갈망이 지속된다.

위험회피 성향이 높은 사람들은 세로토닌 효과에 의존성이 강하다. 타인과의 협업, 협력, 합의, 융합 같은 지연 보상체계를 구성하고 있어 해소 갈망이 지속된다.

참고로 옥시토신(oxytocin)은 타인에 대한 공감능력을 높이고 이타적인 마음이 강해져 남에게 기부하려는 성향이 상승한다고 한다. 긍정적인 사회적 상호작용을 할 때 활성화되는데, 타인을 공감하고 배려하고 상대방에게 양보하는 이해관계의 과정에서 호르몬의 매력을 지속적으로 느끼게 된다. 이로 인해 기부하는 사람과 기부받는 사람 모두 행복감을 느끼게 된다. 이타적이고 수평적인 인간관계 성향의 행동으로 인해 옥시토신의 효능은 길게 지속되면서 오래도록 은은한 도파민 자극효과를 준다고 한다.

이와는 다르게 테스토스테론(testosterone)은 이기적인 수직적 관계 및 공격적이고 직설적인 방식의 성향 행동을 나타내는데, 짧으면서 강렬한 도파민 자극효과를 준다고 한다.

위와 같은 호르몬의 효과는 행복의 개념과 연관성이 크므로 뒤에서 좀 더 자세히 다루고자 한다.

도파민 함정(dopamine trap)

인간의
욕구에 대한 고찰

행복을 추구하는 평범한 인간으로 산다는 것이 무엇일까? 필요,
필수, 욕구, 욕심, 자제, 절제, 과욕, 허영, 만용…

우리는 살면서 수많은 의사결정을 해야 하는 순간을 직면하게
된다. 그때마다 무엇이 어디쯤이 최적의 순간이고, 최고의 적합한
합리적인 기준인지, 그리고 그것을 어떻게 적용할 것인지와 같은
문제들이 항상 숙명처럼 따라오기만 한다.

인생은 타이밍의 예술이라고도 한다. 〈도표 5-1〉처럼 가장 가치
있는 순간에 선택할 기회는 항상 있었을 것이다. 선택의 순간 의사
결정의 지연 원인은 결정력 결핍증 때문이 아니고, 판단 기준의 불

확실성 때문이다.

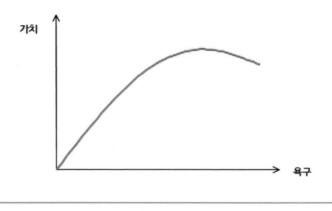

〈도표 5-1〉

　결국, 후회하는 소비를 최소화하기 위해서는 감정적 판단 개입을 억제하고, 최적 결정 기준으로 소비 욕구의 대체 가능성을 판단해야 한다. 여기에는 한계효용체감의 법칙이 적용된다. 경제학에서의 효용은 소비가 어떠한 상품을 소비함으로써 얻는 만족도의 크기를 나타낸다.

　재화에 대한 소비 증가가 늘어나면 늘어날수록 효용의 증가하는 크기는 점차 감소한다. 이를 한계효용체감의 법칙(Law of diminishing marginal utility)이라 한다.

인간의 욕구에 대한 고찰

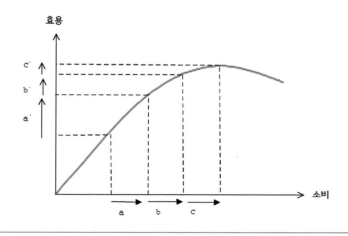

〈도표 5-2〉 한계효용체감의 법칙

a = b = c

a′ > b′ > c′

위의 〈도표 5-2〉에서 소비의 증가를 똑같은 크기만큼 a에서 b로, b에서 c로 늘려나가는 경우, 그 대가로 얻게 되는 만족도 크기인 효용은 똑같이 증가하는 것이 아니고 a′에서 b′로, b′에서 c′로 증가 폭이 점차 감소한다.

이러한 허만 고센(Hermann Heinrich Gossen)의 주장을 '고센의 제1 법칙'이라고 한다. 〈도표 5-3〉에서 어떤 상품에 대해 소비량이 늘어날수록 한계효용의 크기는 한계효용곡선을 따라 점점 작아진다. 이처럼 어떤 상품을 계속 소비할 경우 처음에는 그 가치가 크며 만족도가 높다. 하지만 추가적으로 계속 소비할수록 상품에 대한 효용 가치가 점차 감소하여 만족도도 점점 줄어드는 것이 한계효용 체감의 법칙이다.

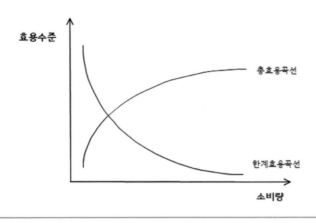

〈도표 5-3〉

이러한 현상은 인간 욕구의 만족도의 한계성 때문일 것이다. 따라서 소비자는 다양한 선택 상황에서 효율적인 최적 선택을 고려하고, 각 선택의 한계효용을 비교하여 더 높은 만족도를 얻기 위한 균형점을 찾아야 한다. 아마도 주관적 판단 기준에 따른 자기통제 절차가 필요하고, 각자 생활 속에서의 목표 최적값을 스스로 찾는 과정이 필요할 것이다.

인간의 욕구에 대한 고찰

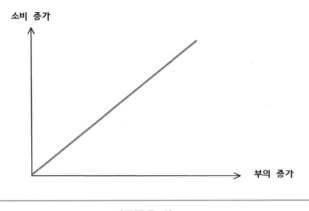

〈도표 5-4〉

일반적으로 경제력이 상승하면 〈도표 5-4〉와 같이 부의 증가는 소비 규모를 증대시키고 〈도표 5-5〉처럼 삶의 영역을 비례적으로 양적 팽창 및 확대되도록 만든다. 이것이 자본주의 경제사회의 일반화된 원리이다.

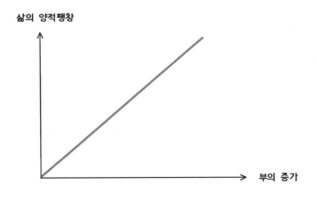

〈도표 5-5〉

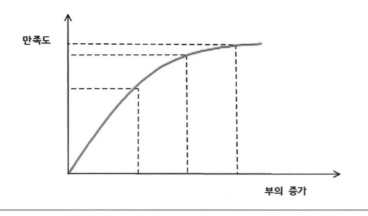

〈도표 5-6〉

경제적 부의 증가는 상품 구매력이 상승하여, 소비가 증가하고, 소비 욕구에 대한 만족도를 높이지만 〈도표 5-6〉의 한계효용은 체감한다. 따라서 삶의 양적 팽창도 〈도표 5-7〉과 같은 한계효용체감 형태로 나타난다.

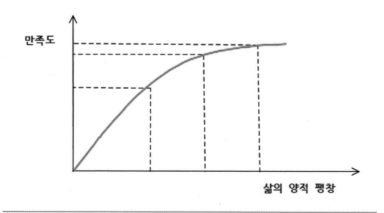

〈도표 5-7〉

인간의 욕구에 대한 고찰

삶의 질적 향상은 〈도표 5-8〉에서 만족도가 비례적으로 상승한다. 생활에 있어서 물질적 풍요보다는 정신적 풍요가 삶의 만족도를 더 높여준다는 의미일 것이다.

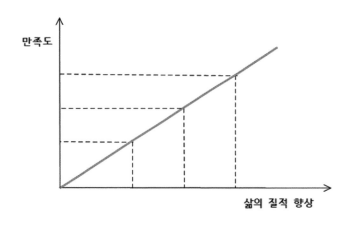

<도표 5-8>

따라서 삶의 양적 팽창과 질적 향상은 별개의 문제일 수도 있다. 양적 요소와 질적 요소 간의 상관관계에 대해서는 개념의 정립과 사회적 접근방법론의 차별화가 필요하다.

삶의 질적 향상 요인으로는 행복의 절대가치 요소들이 있다. 이러한 요소별 만족도가 향상되었을 때만이 삶의 질적 향상을 꾀할 수 있다. 행복 추구권, 인권보장, 경제적 기초생활보장 등 절대가치의 요소들을 기반으로 하고, 그 토대 위에 추가적으로 대체 불가능한 가치들을 향유했을 때, 기본적인 삶을 더욱 윤택하게 만든다.

삶의 양적 팽창은 상대가치 요소들이다. 부의 효용 가치로서 개별적 주관적 판단 기준에 근거를 두고 있다. 따라서 누군가에게는 불필요한 가치, 무의미한 양적 팽창일 수도 있다. 행복의 기준 측면에서 볼 때, 이것은 대체 가능한 가치라고 볼 수 있다.

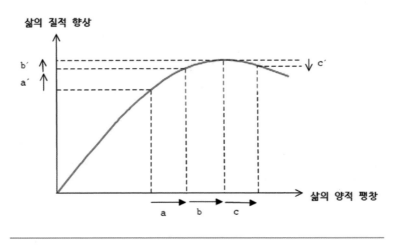

〈도표 5-9〉

삶의 요소를 양적 팽창·확대하여도 일시적으로는 증가하나 한계효용체감 효과로 인해 정체 후 결국 감소한다.

a = b = c

a´ 〉b´ 〉c´

인간의 욕구에 대한 고찰

경제적 부의 증가 혜택으로 삶의 양적 팽창이 〈도표 5-9〉처럼 a, b 확대되면, 삶의 질은 a′, b′로 높아진다. 그러나 상승 폭은 줄어들고 결국 정체하다가, 정점 이후에는 c만큼 더 양적 팽창을 시도한다면, 오히려 삶의 질은 c′만큼 떨어진다. 삶의 영역을 욕심내서 양적으로 한없이 확대한다고 해서 삶의 질이 끝없이 더 상승하는 것이 아니라 오히려 떨어진다는 것은 시사하는 점이 크다고 본다.

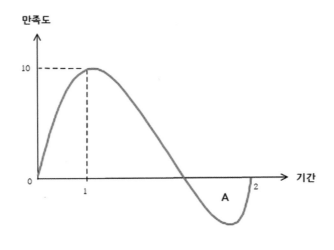

〈도표 5-10〉 1차적 자극효과

쾌락주의 소비패턴에 대한 반응은 다양하게 나타나는데, 〈도표 5-10〉에서 우선 1차적 자극으로 인한 육체적, 물질적 쾌락, 즐거움의 만족도의 효과는 반응이 짧고 즉흥적이다. 자극효과가 끝난 후에는 A 구간처럼 불만족, 후유증, 허탈감, 아쉬움, 금단현상, 정신적 공허감 등이 나타난다.

소비 활동으로 인해서 테스토스테론이 형성되고 이는 강하게 도파민을 생성시켜 1차적 만족도가 빠르고 강하게 즉시 반응하여 상승하게 된다. 그러나 정점 이후 도파민 효과는 점차 소멸하게 된다. A 구간은 단기간 짧게 나타난다.

2차적 자극으로 인한 육체적, 물질적 쾌락의 반복 학습 효과는 한계효용체감의 법칙이 바로 적용되어 1차적 자극보다 만족도가 급감하고 반응 주기도 느리고 길다.

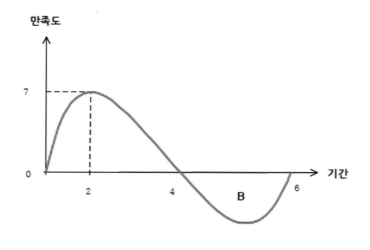

〈도표 5-11〉 2차적 자극효과

　　　　　　　　　인간의 욕구에 대한 고찰

기존의 학습화된 자극의 2차 반응 효과는 〈도표 5-11〉의 만족도같이 반응이 느리고 길게 나타나서 만족도가 1차보다 높지 않다. 그래서 더 큰 만족감을 요구하게 된다. 자극효과가 끝난 후에는 B 구간처럼 욕구 불만이 확대되고, 금단현상 증대, 후유증 확대, 만족도 감소, 상대적 빈곤감 유발 등 현상이 크게 나타난다.

과거의 소비 활동 경험으로 인한 재소비는 도파민 생성 타이밍의 반응 속도 면에서 이전과는 다른 상당한 차이가 발생하게 된다. 이로 인해 만족도 반응의 변이가 발생하게 되고, 이러한 과정에서 도파민 함정효과도 서서히 나타나게 된다.

그런데 정신적 쾌락 소비패턴은 이와는 다르게 양상이 나타난다. 정신적 쾌락의 효용은 영속성이 있어 문화적 차이에 따른 개인적 취향, 사고 능력, 감동, 감성의 차이를 유발하고, 이는 미래의 시점에도 내재적 잔존가치로 남아 있어서, 각자 추억으로 재생되기도 한다.

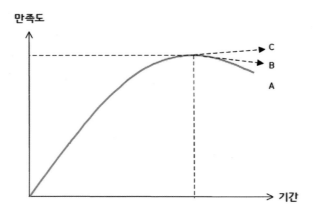

<도표 5-12>

이와 같은 정신적 소비패턴은 옥시토신 호르몬 자극에 의해 도파민이 생성된 것이므로 효과가 서서히 잔잔하게, 장기간 지속적으로 오래 남는다.

반응 효과의 지속성 차이는 문화적 차이에 따른 각 개인의 특성에 따라 〈도표 5-12〉의 A, B, C처럼 각자 다르게 잔존가치화되어 소멸하지 않고 향후 피드백 요인으로 재생된다.

우리는 무엇을 위해 돈을 쓸 것인가?

인간의 욕구에 대한 고찰

옛말에도 이르기를,

"3시간 즐거우려면 맛있는 것을 먹고, 3일 즐거우려면 미용실을 가고, 3개월 즐거우려면 차를 사고, 3년 즐거우려면 집을 사라. 그런데 평생 즐거우려면 책을 읽으라."고 한다.

이는 물질적 행복의 만족도가 유효기간이 짧다는 뜻이 아닐까? 육체적 즐거움보다는 정신적 즐거움을 위해 지출하는 것이 만족도를 더 크게 하고, 효용 가치를 더 오래 지속되도록 한다. 정신적 행복의 유효기간이 더 길다는 의미일 것이다.

우리의 뇌는 삶의 다양한 경험과 의식에 따라서 신경전달물질과 호르몬 작용에 의해 반응하고, 변화하고 있다. 신경가소성이 증대하게 된다. 이는 행복을 대하는 태도도 한없이 변화한다는 뜻이다. 일상에서 일어나는 각각의 경험도 행복감을 만들어 내는 원천이 될 수 있다.

따라서 순간순간을 의식적으로 집중하는 것만으로도 주관적 만족감이 증대된다고 한다. 행복감은 개인적 주의력, 집중력과 뇌의 자극에 의한 변화와 관련성이 크다고 본다.

이는 주관적 만족도의 탄력성, 민감도의 변화를 의미하며, 감정 변화에 따른 삶을 대하는 자세의 변화 원동력이기도 하다. 이에 따른 자기계발 훈련요법으로 명상, 자기암시, 자기최면, 집중력 훈련, 휴식 등이 있다.

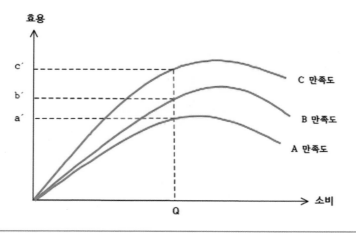

〈도표 5-13〉

A < B < C
a′ < b′ < c′

〈도표 5-13〉에서 똑같은 소비 Q를 한다고 할 때 소비에 대한 만족도는 주관적, 개인적 심리 변화에 따라 다르게 나타날 수 있다. 만족도의 기울기, 즉 탄력성이 클수록 효용도 증가한다. A 만족도보다 민감도가 큰 B 만족도, C 만족도를 갖게 된다면, 효용은 a′에서 b′로 또는 c′로 증가할 것이다. 만족도의 민감도가 소비로 인한 효용을 더욱 증대시키는 요인이다.

효용 가치는 시대적, 상황적, 사회적 여건에 따라 민감도 변화에 크게 의존하고 있다고 볼 수 있다. 각자 세상의 환경 변화에 대응

인간의 욕구에 대한 고찰

하는 개인의 삶에 대한 태도와 자세 및 가치관이 행복도의 차이를 유발한다는 것을 의미한다.

소비 및 부의 차이가 가치의 차이를 말하지는 않는다. 가치의 차이를 유발하는 것은 오로지 각 개인의 만족도 차이에 따라 좌우된다. 이는 본질적 가치, 절대가치가 아니고 상대가치를 말한다.

▌ 가치 = 절대적 가치+상대적 가치

우리는 소비 생활에 있어 가치의 차이를 만들기 위해서는 스스로 행복감, 만족감을 최대화·최적화하려는 삶의 자세 및 태도가 더욱 요구된다. 남들이 보기엔 아주 작고 볼 것 없어 보이는 하찮은 것에 행복감을 느끼는 사람들, 아마도 그것은 그들의 놀라운 공감각 때문이 아닐까?

이기주의적 쾌락 소비 만족도는 이타적인 소비 만족도에 비해 반응 지속성이 짧게 나타난다. 이기주의적 쾌락 소비로 만족할 때는 뇌에서 도파민 호르몬이 생성되고, 자극에 대한 보상 효과가 빠르고 강하게, 즉시 나타난다. 쾌감은 크지만 단기적이고 일시적이어서 효과가 오래 지속되지 못한다.
이타적인 소비, 봉사 및 기부와 같은 소비로 만족할 때는 뇌에서 옥시토신(oxytocin), 세로토닌(serotonin) 같은 뇌 신경전달물질이 분비된다. 이들 물질은 긍정적이고 낙관적인 심리 상태를 만들어 줌으로써 행복감을 증진시키고, 장기간 지속적인 효과가 유지되도록 한다.

이타심은 PSTC(뇌의 후두부 측두엽 상부피질)이 발달하면 활성화된다고 한다. 이 부분은 타인의 행동관찰 인지 시 활성화되는 것으로 자신의 행동관찰 시에도 동시에 활성화된다. PSTC 원리에 의하면 타인에 대한 공감각과 자기 자신에 대한 감정 인지가 동시에 일어날 수 있다고 한다. 이는 이타적 소비의 만족도가 이기적 소비의 만족도를 대체 가능하다는 의미이다. 즉, 타인을 위한 기부·봉사활동이 본인의 만족도를 향상시켜, 자신의 행복지수를 높이는 효과가 있게 된다.

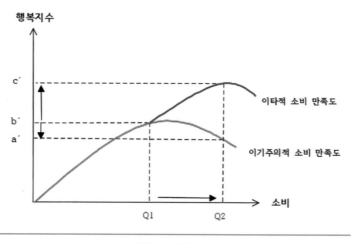

〈도표 5-14〉

인간의 욕구에 대한 고찰

〈도표 5-14〉에서 Q1에서 Q2로 추가된 소비만큼 더 이타적인 소비를 함으로써 b′에서 c′로 행복지수가 더 증가한다. 만약 추가된 소비를 이기적인 소비에 계속 사용했다면, 행복지수가 b′에서 a′로 오히려 감소했을 것이다. 따라서 이것이 행복의 최대화를 위한 효율적인 소비 최적화 접근방법이라고 볼 수 있다.

신약성경(사도행전 20:35)에서의 사도바울에 의하면 예수님께서 이르기를 "이웃을 사랑하라. 약한 사람을 돕고, 주는 것이 받는 것보다 더 행복하다."라고 가르침을 주셨다고 한다. 2,000년 전에 이미 예수님께서는 삶의 진리, 이타적 소비의 진리를 알고 계셨던 것 같다. 이타적인 소비가 행복지수를 더 높인다는 이론은 이미 2,000년 전에도 있었다는 의미이다.

어떤 음식점에 가보면, 식사하고 나올 때, 계산대 옆에 기부함이 있는 것을 보곤 한다. 예전에는 현금으로 식사비용을 지불하고, 잔돈이 남으면 기부함에 넣으면서 즐거운 식사 시간의 대미를 장식하는 기분이었다. 나오면서 마지막 마무리를 적게나마 이타적 소비로 채우는 뿌듯한 기분이 아마도 그런 것이었는지도 모른다.

나누는 즐거움을 느껴보는 건 어떨까? 모두들 행복했으면 좋겠다. 더 행복해지고 싶다면 나 자신을 위해 소비하는 것보다 타인을 위해 소비 및 기부·봉사하는 것이 더 효과적이고 효율적이라는 것을 위에서 증명해 왔으니까. 또한 이것이 화폐 가치를 더 높이는 효율적 소비로서 한계효용 가치도 더 높아지는 효과도 있다.

세상에는 수많은 기부 천사들이 있다. 그들은 자신을 더 행복하게 만드는 방법이 무엇인지를 이미 알고 있었나 보다. 기부와 봉사 활동을 하는 분들의 기쁨은 어디에서 나오는 것일까? 기부할 돈으로 자기 자신을 위해 쓰지 않고 타인을 위해 쓴다. 나의 물질적 만족을 위해 소비·지출에서 얻는 기쁨보다 타인의 행복을 위해 소비·지출하는 것이 더 기쁘다는 것을 그들은 이미 알고 있는 듯하다. 진정한 행복을 위해 합리적인 경제활동, 똑똑한 소비 생활을 한다고 볼 수 있다.

아무리 돈이 많은 재벌이라도, 삶의 여유가 풍족한 부자라도, 대중의 인기로 먹고사는 연예인일지라도 사실 기부하기가 쉽지는 않다. 그러한 가운데도 금액의 많고 적음을 떠나 전 재산의 대부분을 기부하거나 자신을 위해서는 최소한도만을 누리는 기부자들이 의외로 많다.

세계적으로 많이 알려진 미국의 억만장자 기부왕 척 피니는 전 재산의 99% 이상을 기부했다고 한다. 처음에는 호화로운 생활을

인간의 욕구에 대한 고찰

하다가 어느 날, 앤드류 카네기의 "부를 가장 잘 사용하는 방법이 다른 사람을 돕는 것"이라는 말에 영감을 받았다고 한다. '돈, 보트를 사는 것, 모든 치장을 하는 것은 자신에게 매력적이지 않다'고 생각하게 되어 집, 차, 비행기, 요트, 별장 등 모든 것을 처분하고 월셋집에서 검소하게 살면서 대중교통을 이용했다고 한다.

홍콩의 영화배우 주윤발도 거의 전 재산을 기부하고, 대중교통을 이용하며, 검소한 옷차림으로 홍콩 거리를 걸어 다닌다고 한다.

국내에선 가수 김장훈의 얘기도 유명하다. 카메라 앞에선 항상 당당했던 그가 집이 없어 사무실에서 기숙하고, 월세가 밀리기도 하고, 하루 세끼 식사비용을 걱정할 때도 있었다고 한다. 그런데도 삶에 대한 긍정적인 마인드는 항상 지니고 있었고, 몸이 아픈데도 불구하고 전 재산을 기부하다 보니 자신을 챙길 여력이 없어지게 되었다는 사실이 팬들의 가슴을 더 아프게 하기도 했다.

한편 힙합 가수 지누션의 션도 아내 정혜영 씨와 함께 기부 천사로 유명하다. 돈과 시간과 정신과 육체, 모든 분야에서 기부·봉사 활동을 한다. 돈이 생길 때마다 기부하고, 많은 시간을 할당해서 정기적으로 직접 봉사하고, 각종 행사 및 마라톤 달리기 대회에도 참가하여 육체적으로도 기부·봉사활동을 하고 있다.

『꽤 괜찮은 해피엔딩』의 저자 이지선 교수의 봉사활동도 마음이 뭉클해진다. 대학생 때 교통사고를 당하여 전신 55%의 3도 화상을 입고, 양손 손가락 마디는 절단하였고, 40번이 넘는 대수술 속에서도 결국 고통과 절망을 극복하고 이겨냈다.

그 후 어린이 재활병원을 설립하려는 푸르메재단 홍보를 위해 뉴욕국제마라톤(42.195km)대회에 출전하게 된다. 자기 몸도 성치 않으면서 7시간 22분 26초의 기록으로 완주하고, 서울국제마라톤에서는 6시간 47분의 기록으로 완주하여 인간 승리의 모습을 보여주었다.

정신과 육체와 시간을 기부하는 이타적 소비 활동이 바로 진정한 행복의 원천이 아닐까? 그들이 존경스럽고 부디 행복했으면 좋겠다.

인간의 욕구에 대한 고찰

행복의
가치론

the theory of new happiness

행복의 평가 개념에 접근하기에 앞서 기본적 가치의 개념을 먼저 정립할 필요가 있다. 행복은 주관적 평가 대상이기 때문에 연구분석의 대상이 되기 위해선 보편 타당성을 지닌 접근방법론이 요구된다. 누군가에게는 정말 소소한 행복일 수도 있지만, 누군가에게는 사소한 것일 수도 있고, 행복이 아닐 수도 있기 때문이다.

부자일수록 가진 것이 많을수록 행복의 기댓값은 하락한다. 즉 부의 증가율 대비 행복 만족도가 체감한다. 가난하고 가진 것이 없을수록 획득하는 과정에서 하나하나 채워가는 기쁨이 더 크다는 의미이다. 이때 부의 증가율 대비 행복 만족도는 체증한다. 그러나 부자가 되면 반대로 체감한다니 아쉽기만 하다.

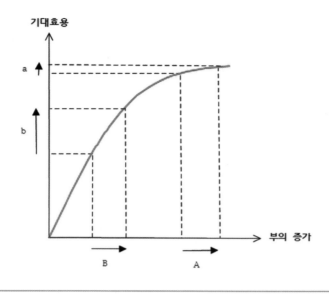

〈도표 6-1〉

A = B

a 〈 b

위 〈도표 6-1〉과 같이 한계효용체감의 법칙이 적용되어, 부가 A, B 같은 크기만큼 증가하여도, 기대효용은 b보다 작은 a만큼 상승한다. 이전의 상승률보다 점차 작아진다. 부자가 될수록 가난했을 때보다 부의 증가 대비 만족도가 더 작아진다는 의미이다.

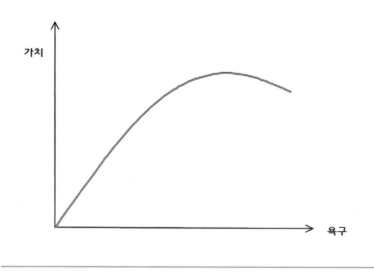

〈도표 6-2〉

인간의 욕구에 대해서도 〈도표 6-2〉처럼 의미 있는 가치는 한계 효용체감의 법칙이 적용된다. 여기서는 인간의 욕구에 대해서 경제활동 측면에서 보는 절대적 욕구와 상대적 욕구가 있다.

절대적 욕구는 인간의 기본권, 인권에 관한 욕구로서 절대적 가치를 유지하기 위한 본능적인 욕구들이 있다.

상대적 욕구는 각 개인의 특성을 구성하고 개성 있는 가치를 창출하는 원동력이 되는 부분이다.

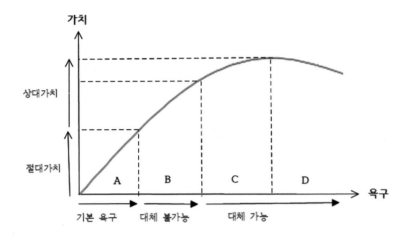

〈도표 6-3〉

- · A = **행복평가기준 영역** 사회통제 가능 범위 내 존재
- · B = **행복평가기준 영역** 사회통제 가능 범위 내 존재
- · C = **만족도평가기준 영역** 사회통제 불가능 범위 내 존재
- · D = **만족도평가기준 영역** 사회통제 불가능 범위 내 존재

　의사결정 기준이 되는 대체 가능 욕구란, 인간의 기본 욕구(절대
적 인권)와 대체 불가능한 욕구를 초과하는 개인적인 욕구들을 말
한다. 이러한 개인적 욕구 충족을 통해 차별화된 상대적 가치를 성
취하여 삶의 만족도를 높여나가게 된다.

　이것은 〈도표 6-3〉에서 본질적 절대가치를 초과하는 가치를 형성하고, 가치의 차이를 창출하는 평가 영역이므로 이와 관련된 욕구는 사회통제 불가능한 범위 내에 존재한다. 대체 가능 욕구인 C에서는 상대적 가치를 증대시키지만, 정점 이후 D의 욕구에서는 상대적 가치를 상쇄하고 하락시키는 결과를 초래하게 된다. 욕구의 무한범위 영역인 D는 사회통제 불가능한 범위 내에 존재하는 인간의 과욕, 만용, 허영심… 등이 아닐까?

따라서 행복의 평가 기준은 기본적인 절대가치와 대체 불가한 상대가치로서 사회통제 범위 내에 존재해야 한다. 대체 가능한 욕구는 자유의지의 변수로서 삶의 영역에서 다양한 선택이 가능하므로 절대가치의 기준도 될 수 없다. 각 개인의 다양한 상대적 가치는 선택적 개성 연출이 가능한 특성을 지닌 것이므로, 대체 불가능한 행복 기준으로서의 보편 타당성은 상실한 것이다. 따라서 사회적 통제 불가능한 욕구는 행복의 평가 기준이 될 수 없다.

일반적으로 효용 만족도는 시간의 흐름에 따라 증가하다가 감소하게 된다. 따라서 행복감을 더 오래 유지, 간직하고 싶다면 물질적 행복보다 정신적 행복에 비중을 두는 것이 더 효과적이다. 형이학적 가치보다 형이상학적 가치가 지속성이 더 강하기 때문이다.

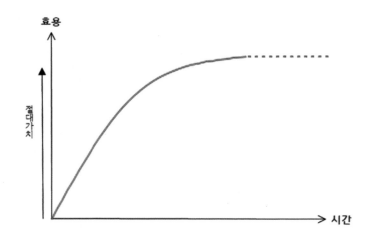

<도표 6-4> 정신적 기대가치

정신적 가치의 효용은 감가상각이 없다. 〈도표 6-4〉에서 시간이 지나도 경험의 만족도는 기억력의 단기적이고 일시적인 감퇴가 있을 뿐, 뇌의 잠재 기억 속에는 영원히 잔존하고 있다. 따라서 정신적 효용의 절대가치는 각각의 개인마다 다소 차이는 있을 수 있으나 보존 가치, 용존 가치로서의 지속성과 연속성을 갖고 있다. 그래서 정신적 만족으로 획득된 행복은 영원히 간직되는 것인지도 모른다.

행복의 가치론

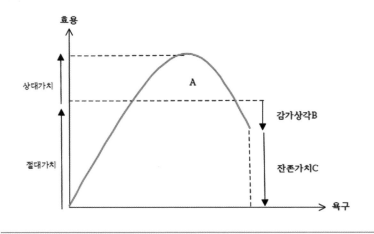

〈도표 6-5〉 물질적 기대가치

물질적 만족의 차이를 유발하는 것은 바로 물질의 본질에서 오는 절대가치와 상대가치 때문이다. 〈도표 6-5〉 물질적 가치는 총효용으로 절대가치와 절대가치를 초과하는 잉여가치, 즉 상대가치로 이루어진다. 상대가치를 나타내는 A 영역은 추가된 기대가치로서 포기 가능한 잉여가치다. 이는 대체 가능한 가치라고 볼 수 있다. 개인의 특성에 따라서는 가치의 차이를 유발하지 않는, 아주 사소한 일부분에 불과한 것일 수도 있다. 가치의 차이가 클 수도, 작을 수도 있다. 따라서 포기 가능한 잉여가치를 다른 것으로 전환한다면, 더 큰 효용 가치를 신규로 창출하게 할 수 있다.

한 예로 최고의 일류 셰프가 만든 맛있는 특급 요리일지라도 먹은 후 2~3시간이 지나면 그 즐거움도 사라져 버린다. 음식을 먹을 때 아무 음식이나 다 맛있게 먹는다면, 총효용 가치는 차이가 없을 수도 있다. 잉여가치를 다른 대체 가능 가치로 전환시킨다면, 총효용 측면에서는 더 큰 효용 가치가 창출될 수 있다. 즉 만족도가 더 커질 수도 있다는 것이다.

맛있는 음식을 보면 뇌의 신경전달물질인 도파민 생성으로 쾌락의 맛을 즐기게 된다. 이는 침샘을 자극하고, 소화를 돕기도 하고, 만족감을 느끼게 한다. 앞서 설명했듯이 도파민 효과는 한계효용 체감의 법칙도 적용되고, 도파민 함정효과도 있다.

미각은 심리적인 측면도 큰데, 뇌의 자극에 의한 반응 효과라면, 결국 생각하기에 달렸다는 뜻이다. 어떤 것을 대하던 삶의 자세와 태도가 더 중요하다는 의미일 것이다.

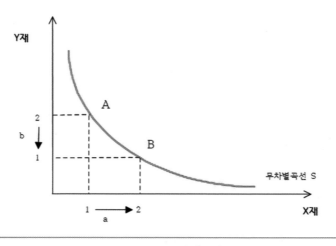

〈도표 6-6〉 무차별곡선

　　　　　　　　　　　행복의 가치론

위의 〈도표 6-6〉와 같이 재화와 용역, X재와 Y재에 대한 소비 선택을 해야 되는 경우, 총효용이 같은 조합점 A, B와 같은 점들을 무차별곡선이라고 한다. X재와 Y재의 상관관계가 상호 대체 가능 요소로서 효용을 충족시킨다면 소비의 최적화 방법을 찾을 수 있다. X재를 a만큼 늘리고 Y재를 b만큼 줄여도 총효용은 같다. 소비 행태를 A에서 B로 변환시켜도 총효용은 변함이 없다는 것이다. 대체 효용이 같다면 소비의 다양성을 추구할 수 있다. 대체 가치가 있다는 것은 얼마든지 포기 가능하다는 것이고, 언제든지 차선의 선택을 할 수 있다는 의미이다. 이는 대체 효과로 인한 소비 행태의 독창성, 주관성, 창조성, 다양성을 말한다. 이것이 또 다른 행복의 원천이 되어 행복지수를 높이는 효과를 가져오기도 한다.

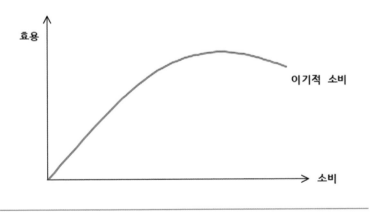

〈도표 6-7〉

일반적인 소비·지출은 대부분 본인의 효익을 위한 개인적 이기적인 소비·지출로서, 소비 증가에 따른 한계효용이 체감한다. 〈도표 6-7〉에서 소비·지출을 더 증가시켜도 만족도는 더 이상 증가하지 않고 정체하다가 하락하게 된다. 자기만족을 위한 이기적 소비는 도파민 함정에 빠질 수밖에 없다.

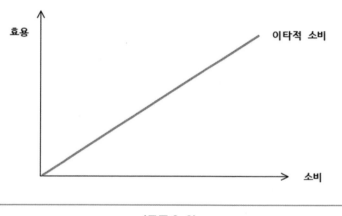

〈도표 6-8〉

이타적인 소비·지출은 〈도표 6-8〉과 같이 만족도가 비례적인 추세 특성을 갖고 있다. 의학계의 연구 자료에 의하면 이타적 행동에 의해 뇌 자극을 반복적으로 하게 될 경우, 옥시토신 및 세로토닌 호르몬의 화학 반응 현상이 일어나는데, 이것이 MRI 뇌 촬영 결과에서도 확인이 되었다. 이는 뇌의 구조적 회로 변형을 가져온다. 이러한 변화를 신경 가역성이라고 하는데, 의욕, 애정, 희망, 꿈 등 긍정적 감정 습관성까지 신경세포가 결합하는 형태로 뇌에 각인이 되어서, 입체적인 네트워크 회로로 성장한다고 의학계는 보고 있다.

아마도 구조적 회로 변화가 만족도 지수, 행복지수를 한 단계 높이는 효과가 있는 듯하다.

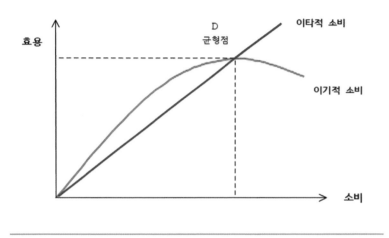

〈도표 6-9〉

이타적 소비 만족도와 이기적 소비 만족도가 만나는 〈도표 6-9〉 균형점 D에서 소비의 최적 전환점이 이루어진다. 균형점 D 이후의 추가적 소비는 이기적 소비에서 이타적 소비로 전환되어야 효용의 증대 효과를 얻을 수 있다. 균형점 D 이전까지는 이기적 소비를 통해 자기만족도를 높이고, 정점 이후에는 이타적 소비를 하여 효용 만족도를 높일 수 있다.

이전에 2가지 재화의 대체재 소비조합을 통한 효용의 극대화 방법을 설명했었다. 그렇다면, 이기적 소비와 이타적 소비도 소비조합을 이용하여 대체 가능 효용을 극대화할 수 있을 것이다.

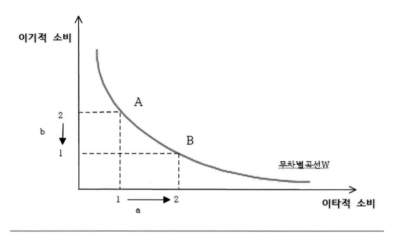

〈도표 6-10〉

〈도표 6-10〉의 무차별곡선W 위에서는 만족도가 동일하므로 A에서 B로 대체 전환이 가능하다. 이기적 소비를 b만큼 줄이고 이타적 소비를 a만큼 늘려도 총효용 만족도는 같다.

따라서 기부·봉사활동 등 타인을 위한 배려와 이타적 소비·지출은 부의 낭비, 시간의 낭비, 매몰 비용이 아니고, 행복도를 높일 수 있는 방법 중 하나라고 본다.

행복의 가치론

우리는 생활 속에서 물질적 또는 정신적으로 다양한 소비 선택의 순간을 맞이하게 된다. 그럴 때마다 사람들은 각자 선호하는 기준이나 취향이 다르기 때문에 각자의 선택을 하게 된다. 그런데 인간에게는 본능적으로 보다 나은 삶을 영위하고자 하는 욕구가 내재되어 있다. 그래서 항상 기대효용, 만족도를 최대로 하는 최선책을 선택하려는 경향이 있다.

여기에 대한 반론도 있다. 물론 인간은 감정적 동물이라서 시대적, 환경적, 사회적 상황에 따라 비합리적, 비논리적, 비이성적 의사결정을 하는 경우도 있다. 그렇다 할지라도 인간을 긍정적 측면에서 바라본다면, 합리적인 선택을 한다는 가정하에 이론을 정립할 필요가 있다.

이는 보다 나은 행복을 추구하려는 삶의 자세에 방향성을 제시해 준다는 점에서 의의가 있기 때문이다.

영국의 철학자 데이비드 흄(David Hume)은 "인간이 하는 모든 고된 활동의 최종목표는 행복에 도달하는 것이다."라고 하였다. 늘 보다 나은 삶을 기대하면서 이를 위해 모든 노력을 경주하는 인간의 특성 덕분에 인류는 진보를 거듭했다.

우리는 늘 앞으로 나아가기를 원하며, 늘 조금 더 행복해지기를 바라기 때문에 우리의 삶이 조금씩 나아지고, 그에 따라 만족감도 커지는 것이다. 생활 태도에서 행복에 집착하거나 지나치게 완벽한 행복을 추구하자는 뜻은 아니다.

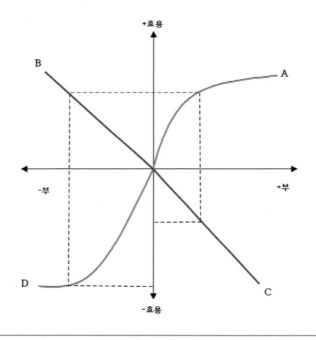

〈도표 6-11〉 소비 행태별 효용곡선

재화의 특성에 따른 소비 행태는 주로 〈도표 6-11〉처럼 4가지 A, B, C, D 형태의 만족도 그래프로 표현이 된다.

　　　　　　　　　　　　　　　　　　　　　行복의 가치론

① **A형**

: 일반적인 개인 소비 행태로서, 경제력이 증가할수록 한계효용은 체감한다.

② **B형**

: 기부, 봉사활동, 이타적 소비형으로 부의 감소가 발생하지만, 손실이 아니라서 효용은 비례적으로 상승한다.

③ **C형**

: 위험물, 마약, 도박, 중독성 소비는 한순간 일시적으로는 (+)효용인 것처럼 보일 수 있으나 전체적, 장기적으로는 (-)효용 효과가 있다. 욕구 불만, 불만족이 더욱 증대되어 더 많은 것을 요구하고, 이는 기대치 대비 실망감이 증폭되고, 선택 결정에 대한 후회, 후유증이 증가하게 된다. 이러한 파급 효과는 사회적 문제를 유발하므로, 그래서 이러한 소비는 윤리적, 사회적, 국가적 통제 대상이 되어야 하는 이유이다.

④ **D형**

: 잘못된 의사결정으로 인한 손실이 발생하는 경우 책임감에 대한 부담이 (-)효용을 발생시킨다. 기대가 클수록 손실로 인한 실망감, 회의감이 크고 심리적 가치는 더욱 하락한다. (-)효용은 하방경

직성을 띄고 있다. 이는 심리적으로 가난하면 가난할수록 부정적 감정에 의해 부에 대한 삶에 있어서 체념해 버리는 경향이 크기 때문인 것 같다.

또한, 자유 경제의 경쟁 사회에서는 타인과의 비교 의식에서 오는 상대적 빈곤감이 (-)효용을 발생시킨다. 빈부의 격차, 무소유로 인한 불만족, 갈등, 욕구 불만 등이 심리적 상대적 박탈감을 유발하는데, 이것은 사회를 부정적 측면으로 바라보게 되므로 사회적 비용이 큰 문제라고 볼 수 있다.

이러한 정서적 사회 문제는 건강한 사회교육, 문화 캠페인 활동을 통해 분위기를 조성하고 구성원의 의식적인 자세, 태도를 개선할 수 있도록 국가·사회가 적극적으로 해결해야 할 의무가 있다고 본다.

행복의
평가 기준

the theory of new happiness

　인간은 누구나 행복하게 살기를 원한다. 그래서 행복 추구는 인류의 가장 보편적인 공통된 목표이기도 하다. 과거 수많은 사상가들이 행복의 원리를 찾고자 했던 것도 이러한 연구가 삶의 의미를 찾는 원동력이기 때문이었다.

　행복의 추구는 인간의 권리이자 인류의 근본적인 목적이라고 한다. 행복 추구권은 인권의 전제 조건이기도 하다. 행복 추구권에 대하여 미국 인권선언(1776)에서는 "침해할 수 없는 인간의 권리"라고 천명하였다. 21세기를 살고 있는 우리들은 당연한 권리라고 생각하고 있지만, 사실 이렇게까지 표명해야만 했던 과거 인류의 수천 년 역사는 부끄러운 오점투성이였다.

현대에 살고 있는 우리가 당연한 것처럼 느끼고 있는 행복을 누릴 수 있는 권한을 모든 사람이 자유롭게 갖게 된 지도 불과 200여 년밖에 안 됐다는 사실이다. 행복할 기회조차 없었던 수많은 선조들의 희생에 대해 위로와 미안함과 감사함을 드려야 할 것 같다. 그나마 오늘날과 같은 행복을 누릴 수 있는 시대에 태어나 살게 된 것은 행운인지도 모른다.

행복은 개인적 경험과 관점에 따라 느끼는 감정과 만족감의 정도가 다르게 나타난다. 각자의 생각과 가치관 및 삶에 대한 태도·자세가 다양하여, 행복의 가치를 더욱 다르게 해석하기도 하지만, 궁극적으로 추구하는 개인 행복의 가치는 타인과의 관계에서 긍정적인 마인드를 갖게 하고, 이는 사회 전반에 걸쳐 건강하고 긍정적인 영향력을 미치는 것으로 알려져 있다.

그래서 행복의 가치는 자기 자신만이 독점 유지하는 것이 아니라 타인과 공유하는 것이다. 그랬을 때 그 가치의 효익이 더욱 증가한다. 이것은 함께 더불어 사는 사회가 유지되는 원리이기도 하다. 행복의 기준은 주관적, 정서적 개념으로써 형이상학적 관점에서 접근이 가능하다. 물질적 가치 기준으로 접근한다면 판단 오류가 발생할 수밖에 없다. 정신적 불만족을 물질적 만족으로 보완하려고 하기 때문에 현실적 괴리가 생기는 것이다.

행복의 평가 기준

물질은 물질로서 대체 가능하고, 정신은 정신으로서 대체가 가능할 뿐이다. 행복하고 싶다면 정신세계를 풍요롭게 해야 할 것이다. 만족도는 한계효용을 체감하기 때문에 아무리 물질적 가치가 큰 것을 많이 소유하더라도 만족할 수가 없고 채워지지가 않는 것이다.

세계 경제는 계속 발전해 왔다. 과학기술도 발전해 왔고, 그렇다면 인류 행복도 증대해 왔어야 하지 않을까? 그런데 실상은 그렇지 않다. 우리나라만 봐도 경제력이 세계 10위의 선진국인데, 행복지수는 OECD 국가 중에서 꼴찌 수준으로 계속 퇴보하고 있다. 사람들에게 물어보면, 예전보다 물질적으로는 풍요로워졌지만 하나도 행복해지지 않았다고 한다.

나는 가진 것이 없어도 행복한데, 왜 그런 것일까? 이것은 분명 무엇인가 잘못된 오류가 있는 것은 아닐까? 표본 조사의 오류이거나 표본 자체의 오류, 아니면 분석 기법의 오류일 수도 있다. 우선 행복의 기준관점에서 오는 개념의 오류가 있다.

인류의 역사 이래 행복의 관점이 수없이 변해왔지만, 개념을 처음부터 잘못 접근해 왔기에, 그렇게 학습받아 온 우리들은 모든 것이 고정관념이 되어 당연한 것처럼 여겨왔다. 따라서 우리 자신들 표본의 오류, 모집단 자체의 오류가 있었다고 본다. 그래서 분석 기법도 오류가 있을 수밖에 없었다.

한국인의 특성처럼 타인과의 비교 의식이 강한 나라는 절대적인 소득 수준보다는 남과 비교한 상대적인 소득 수준이 행복도를 좌우하는 것으로 나타나는데, 타인에 대한 우월의식에서 위안을 삼고 있는 듯하다. 행복의 기준이 주관적 판단을 근거로 하는 것이기 때문에 합당한 해석이라고 주장하는 것은 행복 요소의 적합성에 부합하지 않다고 본다. 이는 행복 요소의 적합성 개념 오류라고 본다.

현대의 우리 사회 갈등 가운데 양극화가 크게 이슈화되고 있는 이유도 절대적 빈곤보다는 상대적 빈곤이 사회로부터의 박탈감, 소외감을 더 크게 느끼게 하기 때문이다. 이는 사회 불안 요소로서 국가적 차원에서도 부정적 시그널로 작용하게 된다.

행복은 주관적이고 심리적인 평가 영역이라서 그동안 개념 자체가 역사적 조건이나 때와 장소에 따라 달라져 왔다.

또한 행복을 느끼는 정신적 상태는 생활 환경이나 생활 조건, 인생관, 가치관에 따라 각기 다른 것이어서 일률적으로 정의하기가 어려운 개념일 수밖에 없었다. 정서적 평안, 만족감이란 행동적인 반응을 수반하는 주관적인 심리 과정, 심리 상태를 말한다. 이는 각각 사람마다 다 다른 주관성을 최대한 배제하고, 최소한의 보편적인 객관성을 유지하여 누구에게나 필연적으로 똑같이 적용될

행복의 평가 기준

수 있어야 한다.

사회적 인지 합의에 의한 타당성이 전제 조건이 될 것이다. 따라서 이처럼 불확실한 기존의 행복 개념은 재정립될 필요성이 요구된다.

행복의 평가 기준으로 외적 요소에는 목표 달성, 인정, 보상, 경험 활동, 사회적 관계 형성 및 조화와 융합 등이 있다. 내적 요소로는 개인의 태도, 신념, 세상에 대한 인지 과정, 의도적 노력, 주관적 가치관 등이 있다. 행복은 내적 요소와 외적 요소 간의 균형과 조화를 통해 생성된다.

저개발 후진국, 극빈국, 경제적으로 못사는 나라의 사람들을 보면서 불행해 보인다고 가엾은 시선으로 바라보고 연민의 정을 느끼는 사람들이 있다. 이것이야말로 동정심이라는 착각 속에 빠진 우월의식적 습관이다.

이 또한 가진 자의 횡포라고 볼 수 있다. 가난하면 불행할 것 같다는 착각 오류, 부자는 다 행복할 것으로 보이는 착각 오류, '잘사는 강대국 및 선진국 사람들은 모두 축복받은 행복한 사람들일 것이다'라는 착각 오류.

치열한 약육강식과 적자생존의 경쟁 사회 속에서 우월의식을 표출하기 위한 관종 행위 및 행복해 보이기 위한 가식 행위를 하기도 한다. 진화론적 심리학에서는 생존을 위한 행복 추구는 타고난 인간의 동물적 본능이라고 한다. 그래서 쾌락을 행복이라고 보고 있다.

그러나 쾌락과 행복은 다르다. 행복은 지속적, 정서적 평안 상태의 주관적 안녕감을 추구하는 평정심이다. 쾌락은 일시적, 단기적 만족감을 추구하는 욕구이다. 개인적 욕망, 소유욕, 독점력, 마약, 도박 같은 중독성 있는 자극에 의한 쾌락은 도파민 함정효과처럼 결국 감퇴하고, (-)효용에 따른 후유증을 발생시킨다. 이는 일시적 순간적 만족감을 행복감으로 착각하는 오류이다.

행복에 대한 개념 정립과 가치평가에 대한 표준화를 위하여, 행복의 구성 요소별 분석 기법을 다음과 같이 개발하였다.
우선 행복의 가치를 평가하기 위해 제일 먼저 고려해야 할 사항은 평가 대상이 행복의 기준개념에 대한 적합성 여부를 판별하고, 행복 요소인지 아니면 쾌락 요소인지를 구분해야 한다. 행복에 대한 분석 기법의 보편 타당성과 합리성을 유지하기 위해서는 요소별 세분화가 필요하다.

인간의 욕구 충족을 통해 얻을 수 있는 만족도의 구성인자는 다음과 같이 3가지로 세분화된다.

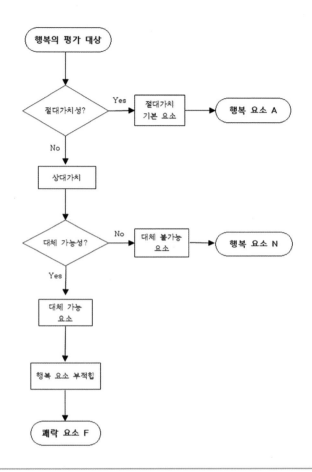

<도표 7-1> ANF 평가

- · 행복의 절대가치 요소 A: Absolute

- · 행복의 상대가치 요소 N: Non-fungible

- · 쾌락 요소 F: Fungible

위 〈도표 7-1〉 순서도처럼 평가 대상이 절대가치를 보유한 요소인지 먼저 분석한다. 절대가치를 내재하고 있다면 삶에 있어서 가장 중요한 행복의 기본 요소(A: Absolute)인 것이다.

절대가치성이 없다면 상대가치인 것을 확인하고, 그다음 대체 가능성의 여부를 판별한다. 평가 대상의 요소가 대체 불가능한 요건을 만족하는지 검토해야 한다. 대체 불가능한 요소는 행복 요소(N: Non-fungible)이고, 대체 가능한 요소는 쾌락 요소(F: Fungible)이다.

대체 불가능성의 필수 요건으로는 3대 특성(유사성, 다양성, 전환성)이 모두 부존재 하여야 한다. 3대 특성 중 하나라도 존재한다면, 그 요소는 대체 가능성이 있으므로 행복 요소(N)가 아니고 쾌락 요소(F)이다.

유사성은 비슷한 성향의 특성을 가진 것으로 대체함으로써 비슷한 효용 가치 및 만족도를 기대할 수 있는 비교 가능성 있는 대체재가 존재하는지를 판단한다.

다양성은 평가 요소와는 다르지만, 다양한 취향에 따른 선택적 만족도를 충족할 수가 있다. 대체재가 불가능할 때 보안재를 소비함으로써 부족한 만족도를 대체할 수 있고 효용을 극대화할 수 있다.

전환성은 대체재 보완재도 불가능할 경우, 제3의 선호도를 선택함으로써 만족도를 극대화할 수 있다. 제3의 대체재 특성을 지닌 전환재를 소비함으로써 스노브 효과(Snob effect)에 의한 대체효용

행복의 평가 기준

만족도를 유지 및 극대화할 수 있다.

스노브 효과(Snob effect)란 속물효과, 백로효과를 말한다. 허영심 많은 사람들이 고상한 척하고, 하류 계층과는 자신을 다르게 포장하기 위해 출신, 학벌, 학식 등을 자랑하고 티 내는 행위를 스노비즘(snobbism)이라고 하는데, 동급 수준과 다른 회피 모드를 추구하고 타 부류와 선 긋는 태도에서 그들만의 과시적 소비 행태를 보이고, 그들만의 독특한 만족도와 행복감을 추구하는 경향이 있다.

전환재는 희소성이 크면 클수록 가치가 상승하여 과시적 소비가 더욱 증가하게 된다. 고가의 명품 리미티드 에디션, VVIP 특별회원권처럼 제한적 소비를 유도하는 디마케팅(demarketing) 전략이 구사되는 것도 인간의 심리를 이용한 도파민 마케팅의 효과 때문일 것이다. 고가의 명품 브랜드, 고가사치품 한정판, 롤스로이스의 판매 전략, 톰 브라운 에디션, 루이뷔통의 판매 전략 등 이러한 상품들은 대체 불가한 것처럼 광고하지만 대체 가능성이 존재한다. 따라서 행복 요소(N)가 될 수 없고 쾌락 요소(F)일 뿐이다.

소비재의 구성 요소도 도파민 효과의 일방적 만족도에만 의존하기 때문에 한계효용 법칙이 적용되고 도파민 함정에 구속되기 쉽다. 이는 기대가치에 대한 불만족이 증가하여 역으로 행복감 감소 요인으로 작용하게 된다. 결국 또 다른 대체재, 보완재, 전환재를 찾게 된다. 이러한 대체 가능성 때문에 쾌락 요소(F)인 것이다.

대체 가능한 요소는 행복의 기준개념에 부적합한 것으로서 주관적, 개인적 욕구를 만족시키기 위한 쾌락 요소(F)라고 본다. 기존의 수많은 이론들은 행복 요소와 쾌락 요소를 구분하는 기준이 없었기에 행복론적 접근 오류가 발생한 것이라고 본다. 행복 요소와 쾌락 요소는 반드시 분리되어야 한다.

이를 해결하기 위해 ANF 평가기법을 개발하게 되었다. 이러한 과정들은 평생 살면서 접하게 되는 모든 것에서 아마도 무의식적으로 찰나의 순간에 자동인지 판별하게 될 것이다. 순간순간 놓치고 지나가 버린 소중한 것들이 있을 수도 있다. 그래서 인간을 후회의 동물이라고 하던가? 하지만 어쩔 수 없지 않은가. 시간은 흐르고 세계는 넓고 사람은 많고, 그나마 후회를 최소화하기 위해선 항상 나만의 삶의 태도와 자세를 잃지 말아야 한다는 것이다.

① A 요소(Absolute): 행복의 기본 요소

행복의 평가 대상 요소로서 가장 기본적인 요소이다. 절대 없어서도 안 되고, 다른 것으로 대체도 불가능한, 반드시 요구되어야 할 인간의 기본 욕구이다. 인간답게 살기 위한 대체 불가능한 절대가치 요소들이 여기에 해당된다. 인간의 기본권, 의식주의 기본생존권, 행복 추구권, 자유·평등·박애의 인권 관련 요소, 개인의 자유 인권뿐만 아니라 사회적 관계에서의 인권, 국가적 관계에서의 인권도 포함된다. 경제적 자유 중에서도 절대적 빈곤까지만 보호 대상이다. 인권을 누릴 수 있는 최소한의 경제적 자유를 보장해 줌으로써 인간의 존엄성이 유지될 수 있다고 본다. 절대적 빈곤의 해결책임은 국가적 책임의 문제이기도 하지만, 세계 인류의 책임이기도 하기에 우리 모두가 동참해야 하는 이유다.

또한 기초생활, 최저생계비 보장, 최저임금 보장 등 이러한 문제는 개인의 빈부 격차 문제가 아니다. 이는 부의 재분배, 부의 독과점 문제로서 국가적 역할·책임에 관한 것이다. 최소한의 경제적 자유로서의 인권보장은 절대가치의 행복 기본 요소이다. 질병으로부터의 자유, 질병 장애 등은 인권의 제약 요소로 삶의 질을 떨어뜨리고 인간의 존엄성을 저해하며 인권의 절대가치를 훼손시키는 요인이다. 따라서 이 또한 국가적 차원의 대응이 필요한 행복의 기본 요소이다.

자유의지, 이것은 신으로부터 물려받은 최초의 절대적 권리였다. 선택의 자유가 없는 것은 행복에 부정적 영향을 미친다. 선택을 강요당하는 것도 부정적 효과를 일으킬 수 있다. 어쩌면 인간이 존엄한 것은 동물이 할 수 없는 절대가치를 추구하려는 자유의지가 우리에게 존재하기 때문이 아닐까?

생각의 자유, 선택의 자유, 사상의 자유, 육체의 자유.

세상을 살면서 인간은 몸이 아프거나 불편하여 일시적 또는 영구적 신체장애를 겪는 경우가 많다. 선천적 또는 후천적 장애를 겪는 경우 또는 질병, 감염 및 수많은 불의의 사건, 사고가 발생하여 장애 및 환자가 되는 경우도 셀 수 없이 많다.

이 모든 것은 신의 뜻, 하늘의 뜻, 누구의 뜻도 아닌 통제 불가능한 위험성, 확률 게임 같은 것으로 불가항력적인 생활 변수가 발생하여 생긴 일들이다. 누구에게나 발생할 수 있는 일들이다.

따라서 불행의 요소가 아니다. 단지 몸이 불편할 뿐이다. 신체가 건강한 사람과 차이가 나는 것이 아니라 신체 구조의 특성이 달라진 것이다. 이것을 이유로 차별 대우해서도 안 되고, 다르기 때문에 배려와 양보, 보호가 필요한 것이다.

만약 질병 또는 장애로 인한 인권의 침해 제약을 받았다면, 절대가치가 훼손되고 기본 행복권을 침해받는 것이므로, 적극적 대항 및 요구가 필요하며, 국가는 장애로부터의 자유를 회복시켜야 할 책임 의무가 있다.

② N 요소(Non-fungible): 행복 요소

N 요소는 절대가치성은 없지만, 상대가치가 있는 것 중 대체 불

가능한 행복 요소들이다. 대체 가능성의 요건으로는 유사성, 비교 가능성이 있어야 하고, 다양성을 추구할 수 있으며, 때로는 제3의 전혀 다른 특성을 지닌 전환성이 가능한 요소들이다.

따라서 대체 불가능한 요소가 되기 위해서는 유연성이 없어야 하고, 유사성이 없어야 하고, 다양성과 전환성이 없어야 하는 요건을 충족해야 할 것이다. N 요소는 대체 불가능하기 때문에 상호 보완재로서의 욕구 충족이 불가능하다. 즉 N 요소는 보완재가 될 수 없다.

이러한 요소들은 삶의 보람된 가치, 의미를 느끼며 살아가려는 태도·자세에서 행복을 얻게 된다. 공공재 서비스 같은 경우는 공익적 목적의 효익이 사회적 구성원들의 행복감을 충족시켜 삶의 질적 향상에도 도움이 된다. 사회적 관계에 따른 문화, 환경, 교육, 의료, 과학기술의 효익 등 다양성을 경험함으로써 삶의 질이 풍족해지는 행복감을 누리게 된다.

상대적 가치이지만 사회적 관계에서 오는 대체 불가능한 행복들이다. 또한, 개인적 주관적 의지도 행복의 요소가 될 수 있다. 이는 각자 삶을 대하는 태도, 자세, 기대, 가치관 등으로부터 행복을 창출하는 정도의 차이에도 영향을 미친다.

덴마크인들의 휘게 문화는 여가시간에 대한 높은 기대치를 갖게 하여 행복을 창출하는데, 이는 높은 수준의 개인적 자유 삶에 대한 태도로서 상대적 가치의 행복에 긍정적 영향을 미친다. 덴마크 국민 대부분의 사람들이 함께 실천·이행하려는 이러한 생각과 태도 문화가 대체 불가한 그들만의 행복 수준을 높이는 상대적 요소라고 본다. 그들은 개인적 자유를 통해 자유롭게 인생의 목표를 추구하고, 통제하고, 조절하는 스스로 유지·관리하려는 일반적으로 사회 통념화된 삶에 대한 자세가 되어 있다.

다른 사람을 인정하고 존중하는 사회적 분위기가 조성돼 있다. 자신의 자유의지를 믿고 그 믿음에 따라 행동하는 강한 개인주의와 그에 따른 상호 간의 높은 신뢰 및 믿음, 그리고 존중하는 사회 시스템이 덴마크의 원동력이다.

그리고 삶의 질을 높이기 위한 공공정책들이 다양하다. 빈곤퇴치 복지서비스, 의료서비스, 사회안전망 서비스 등 사회적 신뢰수준을 높일 수 있는 시스템이 구축되어 있다. 대체 불가능한 행복 요소(N)들이다. 아마도 덴마크인들의 행복지수 만족도가 높은 이유도 여기에서 나오는 것이 아닐까?

행복감에는 긍정적인 부분과 부정적인 부분도 있다. 긍정적인 감정은 기쁨, 즐거움, 평화로움, 정서적 안정감 등이 있고, 부정적인 감정은 슬픔, 외로움, 고독, 공포, 두려움, 혐오감 등이다. 우리는 긍정적인 부분을 함께 공감하면서 행복감을 느낄 수도 있다. 또한 부정

적인 부분도 공감하면서 함께 나눌 때 진심으로 위로감을 느끼게
되고, 이로써 행복감을 느끼게 되는 경우도 있다.

'슬픔은 나누면 줄어들고, 기쁨은 나누면 배가 된다'

그렇다면 차이를 유발할 수 있는 대체 불가능한 소중한 만남, 시
간의 추억들, 영원히 잊지 못할 뜻깊은 의미 있는 경험이라면, 아마
도 그 순간들은 행복감으로 기억 속에 영원히 남아 있을 것이다.
행복은 이렇게 물질적, 환경적, 형이하학적 영향을 받지 않는 형이
상학적인 창작물인 것이다.

③ F 요소(Fungible): 쾌락 요소

쾌락은 감각적 요소와 정서적 요소의 특성을 지닌 기쁨 내지 원
초적인 감정을 말하는데, 황홀경, 전율, 오르가슴, 희열, 환희, 안락
함 등이 있다. 이때 느끼는 감정적 효과는 단기적, 일시적으로 나타
난다. 쾌락은 육체적 쾌락과 정신적 쾌락이 있다.

육체적 쾌락은 육체의 감각 기관을 통해 즉각적으로 반응하고
단기간 또는 일시적으로 효과를 느낄 수 있다. 이러한 반응은 습관
화, 중독이 가능하다.

정신적 쾌락은 의식에 의한 원초적 감정을 느끼는 것으로 이 또한 일시적이고 단기간의 효과가 있을 뿐이다. 감정 특성에 대한 인지적 반응에 의한 것이라서 습관화 및 중독이 또한 가능하다.

심리학에서는 정신적 쾌락을 다음과 같은 3단계 과정을 거쳐서 발전·승화된다고 한다.

> 1단계: 편안함, 포만감, 안도감, 여유, 위안
> 2단계: 기쁨, 반가움, 유쾌, 즐거움, 재미, 활력, 감격
> 3단계: 도취, 무아지경, 황홀경, 전율, 환희, 열광, 흥분, 희열

한편 이와는 다르게 만족감은 반응 효과가 쾌감보다 오래 지속된다. 따라서 일반적으로 몰입을 통해 느껴지게 되는 인지적, 정서적으로 정화된 만족감이 바로 진정한 행복감일 것이다. 단기적 일시적인 도파민 효과보다는 장기적이고 지속적인 세로토닌 효과에 의한 만족도가 진정한 행복감이 아닐까?

쾌락 요소는 개인의 취향에 따라 상대적 가치가 있는 주관적 선택이 가능한 요소들이다. 욕구 만족을 위해서는 얼마든지 다른 것으로 대체 가능한 요소라고 볼 수 있다.

한 예로 과시적 소비패턴은 전형적인 쾌락 요소로 관종적 경향이 있다. 소비 능력이 곧 사회적 지위라는 착각에서 기인한 것이다. 보여주기식 과소비 경향들, 고가의 명품 브랜드에 집착한다든가, 다이아몬드 등 귀금속 액세서리 등의 과도한 치장, 수억 원대의 스포츠카 수집광, 전망 좋은 펜트하우스 저택, VVIP 특권층 서비스 등 자신이 바로 선망의 대상이 된 듯한 착각들, 이러한 것들은 절대가치의 존재가 될 수 없다.

따라서 행복의 기본 요소가 될 수 없다. 저들은 한없이 가치 있는 것들, 대체 불가능한 소유물들이라고 볼 것이다. 그러나 그런 것들은 또 다른 사람들에게는 가치 의미가 별로 없는 것, 얼마든지 욕구 충족이 다른 것으로도 대체 가능한 것들일 수 있다. 즉 쾌락 요소(F)일 뿐이다. 그들에게만 상대적 가치가 있을 뿐이라는 뜻이다.

'그런 것들이 없다고 불행이라고 생각하지 말고, 있다고 행복하다고 생각하지도 말라' 그런 것들은 행복 요소가 아니다. 없으면 욕구 불만족으로 인해 상대적 빈곤감을 유발하는 쾌락 요소일 뿐이다. 쾌락의 유혹은 절대 채워지지 않는다.

오늘 같은 주말에는 5성급 호텔 스카이라운지 레스토랑에서 최고급 와인을 마시고, 유명 셰프의 요리는 먹어줘야 품위가 살아나는데… 여유 있는 모습도 보여줘야 행복해 보일 텐데…

그러는가 하면, 길거리 뒷골목 한 모퉁이에 있는 아주 작은 선술집에서 다양한 사람들과 부딪치며 친구와 함께 나누는 소주 한잔, 막걸리 한잔이 더 행복해 보이기도 한다.

　어디서 무엇을 먹고, 마시고, 즐기는 지가 중요한 것이 아니고, 누구와 함께 같은 공간에서 감정을 공유하며 공감하는 시간을 나누는가에 따라 더 뜻깊은 추억이 되기도 한다.

　때로는 우리가 특정한 장소에서 누군가를 만났을 때, 행복했던 시간이었노라고 이야기하곤 한다. 그러면서 그 장소, 그 공간도 행복한 곳이라고 기억하게 된다. 그러나 그러한 장소 또한 대체 가능한 쾌락 요소(F)이다. 장소, 환경 여건, 물질적, 외적 존재 등은 대체 가능성이 있으므로 쾌락 요소(F)다.

　행복은 물질적 환경의 지배를 받지 않는다. 사람들과의 뜻깊은 추억의 시간은 행복 요소(N)다. 어디에서 만났을지라도 그 사람과의 만남, 추억은 대체 불가한 시간이었을지도 모른다. 어디서 무엇을 먹고 노느냐가 중요한 것이 아니라, 누가 얼마나 뜻깊은 소중한 시간을 추억으로 남기느냐가 더 중요하다는 의미다.

　공식적인 행사 모임은 규칙적인 자극과 긴장감으로 인해 만족도 인지 과정에서의 도파민 효과는 강하지만 단기적이고 일시적이다. 공식적 행사 이후의 비공식적인 사적 모임 뒤풀이 과정에서의 사회적 관계 형성이 스스로 모임의 의미를 부여하는 경향이 있어서 도파민 효과는 약하지만 서서히 오르고, 옥시토신이 생성되어 장기간 지속성을 갖게 된다. 이러한 효과가 사회적 유대관계에서의 행복감을 느끼게 만든다.

같은 시간대에 어느 깊은 산속에서, 홀로 자연과 더불어 풀뿌리 나물과 조촐한 몇 가지 밑반찬으로 저녁 식사를 하고 있는 시골 총각을 생각해 보자. 화려한 조명도, 최고급 와인도, 맛있는 고급 요리도 없는데도 불구하고 불평불만 없이 정말 맛있게 즐거운 저녁 식사를 하고 있는 그를 불행하다고 말할 수 있을까?

그가 할 수 있는 또 다른 행복을 찾아 농촌을 떠나 화려한 도시로 갈 수도 있다. 이 또한 대체 가능한 요소다. 행복 요소라고 생각하지만, 이 모든 것들은 상대적 가치에서 오는 물질적, 환경적, 시대적 쾌락 요소(F)일 뿐이다. 행복 요소(N)가 될 수가 없다. 아무리 맛있는 요리라 할지라도 식후 30분이면 다 소화되고, 엔도르핀이든 도파민이든 자극효과는 다 사라지고 없어진다. 음식점을 나온 후 3시간이 지나면 무엇을 먹었는지조차 기억에도 남지 않고 다시 배고파지기 시작한다. 쾌락 요소는 주관적 극히 개인적인 만족도를 충족시킬 수 있는 요소들일 뿐이다.

'부러우면 지는 거다'

부러워할 필요 없다.

있어도 그만 없어도 그만인 것들…

있으면 편리하고 없으면 조금 불편한 것들…

있으면 좋고 없으면 할 수 없지 뭐!

그저 그래 그런 것들…

홍콩의 영화배우 주윤발은 재산이 9천억 정도 있었다. 그는 재산의 95% 이상을 기부하여 없어진 상태이다. 그 돈으로 고가의 스포츠카도 살 수 있었고, 두바이에 고급 별장 휴양지도 가질 수 있었고, 명품 옷에 가방에 귀금속도, 그리고 저택 궁전도 지을 수 있었을 텐데…

그런 기회를 잃어버렸으니 그가 불행하다고 말할 수 있을까? 지금은 자가용도 없이 대중교통 버스, 지하철과 자전거를 타고 다닌다. 옷도 평범한 옷을 입고, 길거리 음식도 좋아하며 단골집도 많다. 길거리에서 일반 사람들과 대화도 나누고, 걸어 다니면서 느낄 수 있는 삶의 소중한 순간들을 그는 잊지 못할 추억으로 만들어 가고 있다. 대체 가능한 재산의 상대적 가치(F)를 포기한 대신에 대체 불가능한 상대적 가치(N)를 선택함으로써, 그의 입가에 모나리자의 미소와 같은 행복한 미소를 띠고 있는 것은 아닐까?

그 미소가 부럽다. 세상을 다 포용한 듯한…

우리가 행복 수준을 얘기할 때에 대부분의 사람들이 착각하여 오해하고 있는 부분이 있다. 그것은 부의 수준에 따른 생활 환경에 대한 부분이다. 도시 사람들은 높은 수준의 교육 환경, 의료, 문화, 경제적 부의 혜택을 누리고 살고 있다. 그래서 질 높은 생활 수준이 행복 수준도 높다고 착각하고 있다. 농촌 사람들은 낮은 수준의 교육 환경과 의료, 문화, 경제적 서비스 혜택이 항상 부족하여 행복 수준이 낮다고 착각한다. 이러한 선입견은 우월의식에서 나오는 고정관념 때문이다.

실제 네팔, 중국의 서북지역 고산지대의 소수민족들, 아프리카의 일부 지역 등은 높은 행복감과 만족도, 높은 기대 수명을 유지하는 최장수 마을이 많다. 우리와 비교되는, 우리는 도시생활 속에서 부를 만끽하며 풍족하게 살고 있을 뿐이다.

때로는 우리가 주말에 아름다운 클래식 음악이 흘러나오는 고급 레스토랑에 가서 스테이크를 먹곤 한다. 식사 후에는 음악 홀에 가서 명작 뮤지컬도 보고, 늦은 저녁 오후에는 최신 영화를 보거나 아니면 호텔 스카이라운지에서 품위 있게 무드 잡으면서 고급 와인 한 잔을 마신다. 빌딩 숲의 화려한 불빛을 바라보며 하루의 멋들어진 일과를 자기만족 하면서 미소를 지어보기도 하고, 나의 행복 수준은 최고 수준이라고 자기도취에 빠지기도 한다. 과연 그럴까?

스포츠카를 타고 드라이브하던 중 오래간만에 도시를 떠나 어느 농촌의 작은 마을에 도착하였다. 흙투성이의 남루한 옷을 입은 동네 사람들, 세수도 안 하는 듯 지저분하고 까무잡잡한 얼굴의 동네 아이들, 흙냄새 하며 퇴비 썩은 내, 닭똥 냄새, 소똥 냄새 등등…

아메리칸 커피숍도 없고, 영화관도 없고,

레스토랑도 없고, …없고, 또… 없고,

갈 데가 없네.

할 게 없다. 심심할 뿐이다.

시골 사람들이 사는 모습을 바라보며 안쓰러워한다. 행복 수준이 낮아 보여 불행해 보인다. 연민의 정이라도 느끼는 것일까? 왜 우리는 농촌 사람보다는 도시 사람들의 행복 수준이 높다고 생각하는 것일까? 저개발 후진국보다는 경제대국 선진국의 행복 수준이 높다고 생각하는 것일까? 이는 우월의식 내지 잘못 각인된 열등감 때문이다. 행복의 개념이 잘못 정립된 고정관념 때문이다. 무의식 속에 비교하는 습성, 행복하다고 생각하는 자의 여유, 만용, 불행해 보이는 자들에 대한 동정심을 자비라 생각하는 착각들…

행복은 생활 환경과 무관하다. 환경은 절대가치를 훼손하는 경우만 아니라면 쾌락 요소일 뿐이다. 행복 요소가 아니다. 대체 가능한 요소인 것이다. 즉 불편한 것일 뿐이고 얼마든지 극복 가능한 상대가치의 요소일 뿐이다.

직업에서의 외부 환경 조건은 어떠한가? 우리는 노동환경 평가 보고서를 접할 때가 있다. 이러한 조건들은 노동자들의 행복 요소가 아니다. 행복 평가 기준의 대상이 아니다. 환경 조건은 시대적, 역사적 변수에 따라 변화하는 상대가치 요소로서 언제든지 다른 것으로 대체 가능한 요소이기 때문이다.

"직업에는 귀천이 없다. 노동은 신선한 것이다." 물론 예외는 있다. 불법적, 비양심적, 비윤리적 직업은 당연히 제외될 것이다.

작업 환경이 업무상 열악하거나 위험도가 높고, 더럽고, 냄새나고, 비위생적일 수도 있다. 직업의 특성일지라도 내적 환경, 외적 환경 모두 행복 요소가 아니다. 쾌락 요소(F)인 것이다.

노동자 근로자의 복지, 후생 관련된 사항으로 대체 가능한 요소이다. 기존의 수많은 행복론자들은 외부 환경 평가 결과를 행복 요소로 보았기 때문에 이해관계 충돌의 원인이 되지 않았나 생각이 든다. 이것은 직업의 만족도, 성취도를 높이기 위한 쾌락 요소로서 노동의 질을 높여준다. 업무 능력을 높여줌으로써 기업의 생산성과 수익을 높여주는 요인이다. 근로자의 행복감을 위한 것이 아니라 기업의 이익을 위한 비용이다. 즉 노동자를 위한 비용인 것처럼 착각하여 노사 협의의 대상이 되어 노사 갈등의 이해충돌이 발생하기도 하였다.

세상을 살면서 우리는 행복 요소와 관련하여 이해충돌이 다양하게 발생하는데, 다음과 같은 대응 방안을 제시하고자 한다.

첫째, 행복 요소(A)가 침해받는 경우 어떻게 할 것인가?

절대가치의 존재를 거부당하거나 제한되는 것이므로 적극적인 대응책이 필요하다. 인간의 존엄성 유지 및 인권의 보장을 위해서는 개인적 저항뿐만 아니라 국가적 이행 의무가 요구된다.

산업화의 경제발전과 그에 따른 과도한 물질적 풍요로 인해 절대가치의 행복 요소가 침해받는 경우도 있다. 기후 위기와 환경파괴는 결국 다음 세대들의 행복 요소를 침해하는 사례이다.

물질적 풍요, 즉 대체 가능한 쾌락 요소를 즐기기 위해서 절대가치의 행복 요소를 파괴하는 경우이다. 따라서 기후 위기와 환경보호 운동에 참여하여 적극 항변 및 저항해야 하는 이유가 여기에 있다.

지구촌에는 지금도 수많은 사건, 사고, 테러, 전쟁이 끊이지 않고 일어나고 있다. 서로 다른 이해관계에 따라 자국의 행복을 지키기 위해 타국의 행복을 파괴하기도 하고, 행복이 침해받았을 때는 회복하기 위해 타국의 행복을 침해해야 하는 반복되는 세계사 속에 살고 있다. 견해차만 다를 뿐 절대적 가치의 행복 요소이기에 서로 대항할 수밖에 없는 듯하다.

끝나지 않는 힘겨루기는 결국 더 많은 행복 요소들을 상실해야만 할 것이다. 원론적인, 논리적인 선후의 책임을 따지기에도 관점의 차이가 큰 것도 사실이다. 안타까운 현실이다.

여기서는 신행복이론적 관점에서 접근방법론을 제시하고자 한다.

피는 피를 부르고 복수는 복수를 낳고…
희생은 또 다른 희생을 낳고…

어쩌면 이는 신의 뜻도 희생자의 뜻도 아닐 것이다. 인류의 끝없이 반복되는 후회의 습관성은 언제쯤 끝날까? 누가 먼저 잘못했는지를 따지기에 앞서 반복되는 역사의 족쇄를 풀 수 있는 방법은 오로지 용서와 화해밖에 없는 듯하다.

구약시대의 "이에는 이, 눈에는 눈"이었던 시절은 이미 수천 년이 지났고, 원수를 사랑하라는 예수님의 말씀도 벌써 2천 년이 지났건만, 그동안 인류는 과학기술·경제만 발전해 왔지, 인간의 사고방식과 심성은 오히려 더 퇴보했는지도 모른다.

더 이기적으로 변했고, 혈연주의, 지역이기주의, 민족주의, 국가주의 등 폐쇄적 관계 중심의 이기심으로 인하여 더 불행해졌는지도 모른다.

'타인의 행복을 빼앗아, 내 행복으로 가져올 수 없다는 것'

앞에서 기술했듯이 이기적 소비, 생활 패턴은 완전한 행복도를 이룰 수 없다는 것을 증명해 왔다. 이타적 소비, 이타심이 좀 더 행복을 추구하기 위한 필수 요건임을 설명했었다.

이기적인 행복이 완전한 행복이 될 수 없었고, 좀 더 큰 행복을 이룰 수 있는 방법은 이타적 행복이 함께해야 한다는 것이었다.

즉 자신과 타인의 행복, 자국과 타국의 행복을 함께 나눌 때, 진정한 행복을 이룰 수 있다.

그렇다면 타인의 행복을 훼손하여 내 행복을 획득한들 그것이 과연 지속성이 있을까? 내가 행복하기 위해서 타인을 불행하게 만들고 얻는 것이 진정한 행복일까? 나의 행복도 남에게 빼앗길 수 있다고 생각한다면, 지금의 행복이 과연 행복이라고 할 수 있을까?

따라서 진정한 행복은 서로 행복을 보장해 주고 지켜주는 것이라고 본다. 각 개인 간, 서로 간, 이웃 간, 민족 간, 국가 간의 행복 추구권을 보장하는 것이다.

세상에는 똑같은 사람이 없듯이 모두가 다 다르다. 생각의 차이, 시각의 차이, 관점의 차이를 인정해 주고 극복했을 때, 보편적 진리의 실효성이 확보될 수 있다. 타인과의 용서와 화해, 조직 간의 조화와 융합, 국가 간의 평화와 발전. 이것이 인류 공존의 법칙이라고 본다.

행복의 평가 기준

둘째, 행복 요소(N)가 침해받는 경우 어떻게 할 것인가?

타인으로부터 우리의 행복 요소를 제한, 제약, 약탈, 강탈 같은 침해를 받는 경우, 불행을 인지하게 될 것이다. 이것은 인간의 본능에 의한 방어 자세 및 대응 조치가 반사적으로 반응하게 된다. 이 행복 요소는 상대적 가치의 요소이지만 대체 불가능한 요소이기 때문에 적극적 대항할 가치가 있다. 그 어떤 것으로도 대신할 수 없는 소중한 행복 요소이기 때문이다.

일례로 안타까운 사례를 들어보자. 2019년 프랑스 파리 노트르담 대성당 화재 사건은 TV를 보면서 우리와 비슷한 슬픔을 느꼈을지도 모른다. 유네스코 세계유산으로 7백여 년 역사의 문화적 정서가 쌓였던 곳으로, 대체 불가한 상대적 가치가 있는 대성당이었다. 우리에겐 2008년의 숭례문 화재 사건을 잊을 수 없다. 6백여 년 동안 역사의 현장 속에 있었던 문화재 국보 1호 유산이 불과 몇 시간 만에 타서 재로 사라져 버리는 것을 안타깝게 바라보았었다. 이러한 공익의 행복 요소는 대체 불가한 성격의 유산이기에 복구, 유지, 보호 대상인 것이다.

가정의 행복은 집안의 평화와 화목 그리고 사랑, 가족 간의 이해심, 형제간의 우애, 가족의 그리운 정, 정서적 안정감 등이 아닐까? 그런데 우린 가끔 느껴왔던 고정관념 때문에 이러한 행복감을 가정 형편 탓으로 돌리고, 절제하고, 미루기도 한다. 지금은 경제적 여유가 없어서, 가정 형편이 안 좋아서, 마음의 여유도 없고 돈 벌기 바쁘고 힘드니 다 이해해 주겠지. 나중에 형편이 좋아지면, 그때 가서 하면 되지 뭐.

대체 불가한 행복 요소(N)를 침해하는 것은 가정 형편, 환경 여건 탓으로 돌리려는 우리의 고정관념 때문이다.

겉으로 보기에는 별문제 없어 보이는데, 불행하다고 느끼는 사람도 있다. 그런가 하면 정말 안 좋아 보이는데도 행복하고 한없이 밝게 사는 사람도 있다. 무엇이 차이를 만드는 것일까? 그 차이는 어떤 영향력을 미치는 것일까?

불우한 가정 형편 속에서도 웃음이 가득한 가정도 많다. 그러한 환경 속에서도 천재적인 과학자, 지도자 등 여러 분야에서의 인재들이 배출되는 경우가 많다는 점은 불우한 가정 형편이 얼마든지 극복 가능하다는 의미이다. 환경 요소는 행복 요소(N)가 아니다. 즉, 환경이 행복을 좌우하지 않는다는 것이다.

환경 요소는 얼마든지 대체 가능한 쾌락 요소(F)이기 때문이다. 가정 형편, 가난한 집안 내역, 궁핍한 환경 여건 등 물질적 부족함이 절대적 빈곤이 아니라면, 불행한 것이 아니다. 환경은 극복 가능한, 대체 가능한 쾌락 요소(F)일 뿐이다.

예전에는 직업을 천직이라고 여겨 평생직장의 개념이었다. 대체 불가한 장인정신으로 가문의 영광을 이어갔고, 직업에 자부심을 느끼며 살곤 했다. 물론 아직도 스위스의 시계회사들처럼 수공예 장인 전문가들이 남아 있기는 하지만, 워라밸(work-life balance) 추세의 영향으로 더욱 사라져 가는 듯하다.

워라밸이란, 일과 삶의 균형을 통해 근로자는 삶의 만족을 제고하여 삶의 질을 향상시키고, 이를 통해 조직은 생산성을 높일 수 있다는 개념이다. 기업의 과도한 근무시간, 과다잔업, 업무 피로, 조직 스트레스 등으로 인한 조직 구성원의 행복이 침해되는 것을 최소화하기 위한 해결책을 제시한 것이다.

이젠 기업이 개인의 희생만 강요하던 시대는 지난 것 같다. 평생직장의 개념이 없어, 워라밸을 찾아 기업을 선택하고, 대체 가능한 다양한 직업이 창출되고 있다.

과거 우리는 직업환경개선을 통해 근로자의 삶의 질을 향상시켜 행복도를 높일 수 있다고 생각하여, 그것에만 집중해 왔었다.

그러나 직업환경여건은 행복 요소(N)가 아니고, 쾌락 요소(F)이다. 노동환경 개선은 근로의 질적 향상일뿐, 근로자의 개인적 행복 향상을 의미하지 않는다. 직업환경은 얼마든지 극복 가능하고 대체 가능한 요소(F)이기 때문이다. 결국, 노사가 스스로 워라밸을 찾는 시대가 오게 된 것이다.

한국이라는 나라는 참으로 국가로서의 환경 여건이 매우 안 좋다. 땅은 작고, 사람은 많고, 남북 분단국가이면서 주변 강대국 사이에 끼인 반도 국가이다. 하물며 풍부한 지하자원도 없고, 석유도 안 나오고, 천연자원도 부족하고, 관광자원도 부족하다. 풍족한 것 하나 없는데, 이러한 국가 형편에 국민들이 행복할 수 있을까?

앞서 설명해 왔듯이 국가의 형편, 국가의 환경 요소는 국민의 행복 요소(N)가 아니다. 국가가 절대적 빈곤 국가가 아니라면, 행복 요소가 침해받는 것이 아니라면, 국가의 환경 여건은 극복 가능하고 대체 가능한 요소(F)인 것이다.

따라서 국민의 행복지수는 국가의 환경 조건의 영향을 크게 받지 않는다는 점에 유의해야 할 것이다.

셋째, 쾌락 요소(F)가 침해받는 경우 어떻게 할 것인가?

타인으로부터 쾌락 요소를 제한, 제약, 박탈, 강탈 같은 침해를 받는 경우, 이것은 대체 가능한 욕구에 해당하므로 대응 조치를 안 해도 되고, 정도에 따라서는 소극적 대항도 가능하다. 이런 쾌락 요소들은 기분이 불쾌할 뿐 차선책의 다른 욕구 만족 대상을 찾으면 해결되기 때문이다.

쾌락 요소(F)가 상대적 가치만 있어서 타인에겐 중요할지 몰라도 나에겐 무의미한 가치일 수도 있다. 그래서 타인에게 양보하거나 배려할 수 있고, 내 결정에 따라 비슷한 효익의 대안 가치를 다양하게 선택할 수 있다.

따라서 타인과의 이해충돌 문제를 최소화할 수 있다. 이것이 인류 공존의 법칙이다.

2002년은 한국 사람들에게는 결코 잊지 못할 한 해였다. 광복 이후 가장 많은 사람들이 길거리로 나와 함성과 환희, 흥분, 열광, 감동으로 하나가 되었던 날들이었다. 2002년 한일 월드컵에서 한국은 4강까지 올라가면서 세계를 놀라게 하는 기적을 일으켰다.

"꿈은 이루어진다."는 실현 가능성에 행복해했고, 지금도 그날의 기억들을 회상하면 내 인생 최고의 행복감에 젖어 들게 된다. 도파민 함정을 제대로 경험해 보았다.

축구는 총칼 없는 또 하나의 전쟁이라고 표현한다. 그만큼 치열하고 흥분되어 아드레날린이 폭발하고, 도파민이 분출되는 만족도 최고의 경기이기 때문이다. 승자와 패자 간에는 희비가 엇갈리게 된다. 기쁨과 슬픔이지, 행복과 불행이 아니다. 공정한 룰에 따라 즐거움을 놓고 싸우는 경기일 뿐, 행복 쟁탈전이 아니다.

만약 승리하는 것이 행복이라면, 패배하는 것이 불행인가? 그렇다면 타인의 행복을 빼앗아 불행하게 만들고 나만 행복한 것이 행복이라면, 그것이 진정한 행복일까?

타인의 성공이 나의 불행의 원인이라면, 아무리 공정경쟁 사회라 할지라도 행복을 평가하는 것이 합당한 논리인가? 진화심리학에서는 행복도 생존경쟁에서의 습득 과정이라고 하였지만, 난 수긍하기 힘들다.

승자의 기쁨이 행복감이라는 착각 때문에 패배 시, 불행에 대한 공포심을 예감하고 피해의식을 느껴서 더 분노하는지도 모른다.

축구 경기 중간에 유혈사태가 발생하는 경우도 있고, 경기가 끝난 후 보복행위가 일어나는 경우도 있다. 1969년 중앙아메리카의 온두라스와 엘살바도르는 실제로 축구로 인해서 전쟁까지 치렀던 아픔이 있다. 경기는 4년마다 또다시 시작될 것이다. 얼마든지 패배의 아픔을 극복하고 좀 더 높이 우승까지 바라는 희망, 발전하는 대체 가능성 때문에 더 열광하고 응원하는지도 모른다.

절대 양보할 수 없는 행복 요소(N)를 침해하는 것이 아니라, 대체 가능한 쾌락 요소(F)를 침해하는 것이다. 극복 가능하고 대체 가능한 상대적 가치인 쾌락 요소(F)의 유연성이야말로 이해충돌 방지의 최고완충재 역할을 하며, 인류 공존의 법칙을 실천하는 최고의 덕목이 아닐까?

심리학에서는 행복을 목표지향적인 행동의 동기가 충족되어 만족과 기쁨을 느끼는 상태를 행복감이라고 하였다. 즉, 행복과 쾌락

행복의 평가 기준

을 구분하지 않기 때문에 관점의 차이로 인한 문제점, 이해관계 충돌 원인을 극복하기 힘들었다.

기존의 행복이론들은 쾌락 요소(F)도 행복 요소(N)와 동일하게 보았기 때문에 행복을 침해받는 것으로 인식하였다. 이는 불행에 대한 의심, 두려움 내지 공포심으로 인해 반사적으로 적극 저항 및 항변하는 공격적 성향의 해결책을 적극적으로 구사하게 되었던 것이다.

자기 자신의 행복을 손해 보게 되었다는 착각 때문에 대체 가능한 욕구를 찾아보지도 않고, 차선책을 대안으로 해결하려고도 하지 않고, 반사적으로 전투적 대항 자세만 취하려고 한다. 자기 영역 침범에 대한 방어적, 이기적, 동물적 본능만이 이성에 앞서곤 한다.

이러한 전통적 행복 기준의 개념이 사회적 관계에 있어 분쟁의 원인이 되고 사회적 분위기를 저해하는 분노유발인자인 것이다. 행복을 손해 보았다는 고정관념이 강하여, 세상을 대하는 태도가 항상 무의식적 전투 자세로 임하게 했던 것이다.

단순한 손해가 아닌 행복 손실에 대한 피해망상 충격이 더 크게 작용하기 때문이다. 이들은 생활 속에서 대체 가능한 요소(F)를 찾으려고도 하지 않는다.

'이것 아니면 안 돼' 식으로 맹목적으로 대항하려 하기에, 타협하지도 않고, 양보하지도 않고, 피해의식이 강하여 오직 자기방어에만 집중하려고 한다.

　이러한 우리들의 모습이 과거 행복의 기준개념오류 때문은 아니었을까?

가치의
차이

the theory of new happiness

  물질적 본질의 차이는 가치의 차이가 아니라, 개인 취향의 수요를 창출하는 요소의 차이일 뿐이다. 비록 값싸고 하찮은 물건을 보유하고 있을지라도, 가난은 구질구질하고 구차한 것이 아니라 단지 몸이 불편할 뿐이다. 그 불편한 삶은 건강한 생활로써 해결될 수 있는 문제다. 가난은 불행한 것이 아니라 불편한 것이다. 부자는 행복한 것이 아니라 편리한 것이다.

  우리는 일상생활 속에서 재화와 용역에 대한 기회를 획득하면서 효용 가치를 영유하고 만족감을 얻으면서 행복을 느끼며 살고 있다. 이때 지불하게 되는 대가를 기회비용이라고 할 수 있다.

기회비용 = 회계적 비용명시적 비용+귀속비용암묵적 비용

회계적 비용은 실제 구매에 지출한 비용이고, 귀속비용은 특정한 구매 선택 행위로 인해 포기하게 되는 다른 행위들의 비용을 의미한다. 즉 만족감을 얻기 위해서는 희생의 대가를 지불해야 한다는 것이다. 포기된 기회도 소중히 여겨야 할 것이다. 그러나 욕심이 과하면 포기된 기회뿐만 아니라, 남의 것도 자기 것인 양 아까워하고 놓지 않으려는 이기심이 발동하기도 한다.

'내 것은 내 것! 남의 것도 내 것!'

세상의 모든 것은 존재하고 있다는 것 자체만으로도 가치가 있는 것이다. 그렇다면 가치의 의미는 무엇을 말하는가? 여기서는 철학적 관점에서 형이상학을 논하려고 하는 것이 아니다. 행복의 관점에서 보는 가치 개념을 다시 정립해 보고자 한다.

물질의 존재는 사용 가능한 내용 연수 기간이 지나면서 존재의 가치가 점차 사라지게 된다. 시간이 흐를수록 사용 및 기술 발전에 따른 진부화로 그 가치는 점점 감소하기 때문에 영원히 사용할 수 없다. 물론 골동품, 소장품으로서의 가치는 예외다. 〈도표 8-1〉처럼 물건의 잔존가치(殘存價値)는 물건을 처음 구매할 당시의 가치 대비,

가치의 차이

일정 기간 지난 후에는 가치가 계속 하락하여 남아 있는 가치가 결국 0이 되게 된다.

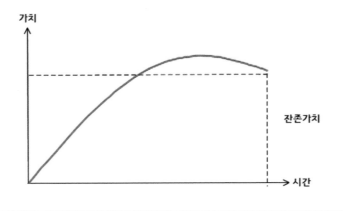

〈도표 8-1〉

우리가 물건을 하나를 사더라도, 단순히 돈 금액만 지불하는 것이 아니다. 여러 가지 가치의 대가와 기회와 기대효용 등을 거래하는 것이다. 물질의 본질적 가치는 효용 가치, 기대가치, 비교가치, 기회비용의 총합으로 구성되어 있다.

> 물적 본질의 가치 = 효용 가치+기대가치+비교가치+기회비용
>
> · 효용 가치: 실질 가치, 교환 가치, 현재 내재 가치, 가격 효과
>   에 따른 효익, 확실성 가치, 대체 불가능한 가치, 감가상각에

의한 지속 불가능 가치

· 기대가치: 미래 효용 가치, 희소가치, 부가가치, 독립적 지위

효과, 미래의 기대심리 효과, 불확실성 가치, 지속 가능성

· 비교가치: 심리적 효용 가치, 허영심, 과시욕, 관종, 자기만족

욕구, 추상적 가치

· 기회비용: 포기된 물질적 가치, 명시적 비용과 암묵적 비용

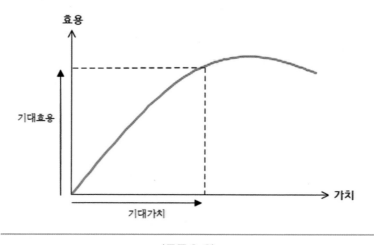

〈도표 8-2〉

인간이 아름다운 것은 가치의 차이를 만들어 내기 때문이다. 나를 움직일 수 있는 것들… 별 차이가 없는 것은 나를 움직일 수가 없다.

차이가 아닌 다른 것은 더더욱 내 마음을 변화시킬 수 없다.

가치의 차이

내가 포기하고 체념할 수 있는 것은 기대가치의 차이가 별 의미가 없기 때문이다. 나에게 있어 기회비용은 의미가 없다. 얼마든지 포기할 수도 있다. 얼마든지 양보할 수도 있다. 희생의 대가가 아닌 가치의 차이 때문이다.

나는 부족한 게 없다. 지금만으로도 과할 뿐이다. 무엇이 나를 움직일 수 있을까?

삶의 가치 = 절대적 가치+상대적 가치

인간이 동물과 다른 점은 가치를 창조하기 때문이다. 인간이 살아 숨 쉬고 있다는 그 존재 자체만으로도 가치가 있는데, 이를 절대적 가치라고 한다. 이는 인류의 보편적 가치로서 인간의 존엄성 유지 및 행사에 필요한 기본권으로 보장된 가치다.

신으로부터 부여받은 절대가치이므로 훼손 침해되는 상황이라면 모든 인류가 보호 의무, 배려 의무, 회복 의무, 복권 의무가 있다. 이러한 절대적 가치는 인간의 판단 기준 대상이 아니며, 또한 역사적, 시대적, 사회적, 환경적 판단 대상이 아니라고 본다.

사람이 매력적인 이유는 모두 각자 다른 삶의 영역에서 각자 다른 개별 특성을 유지하며, 다양한 생각과 가치관으로 자유의지를 표현하는 인간의 다양성 때문이다.

나만의 매력 포인트는 무엇인가? 이것이 다른 사람과 구별되는, 차별화될 수 있는, 삶의 가치 차이를 만드는, 상대적 가치 요소다. 품위와 성품을 지닌 채 나만의 품격을 유지하며 살아가는 모습도 상대적 가치를 높이는 최고의 차별화 전략 중 하나라고 본다.

이 세상의 모든 사람 중 똑같은 사람이 존재하지 않듯이 상대적 가치는 모두 다르게 나타난다. 개성이 다른 것처럼 각 개인의 상대적 가치를 존중해야 할 것이다. 상대적 가치는 비교 대상이 아니고, 삶의 다양성을 표현한 것이다. 따라서 계량화(서수적, 기수적)가 불가능한 개성 특성을 말한다. 그런데 남과 비교하려는 인간의 습성 때문에 가치를 서열화, 순서화, 수치화하려는 차별화의 오류, 편견의 오류를 우리는 자주 범한다. 논리적 근거도 없는 인간 차별일 뿐이다.

'사람은 차이가 나는 것이 아니고 다를 뿐이다'

상대적 가치를 사람에 대한 가치 판단 기준으로 삼는 수준 차이일 것이라고 생각하는 과오를 범하지 않기를 바랄 뿐이다. 우리는 살면서 평생 동안 절대적 가치와 상대적 가치의 차이를 만드는 과정을 연출하게 된다. 이것은 각자 삶의 의미를 부여하는 요인으로서 작용하고, 개인의 주체하에 이루어지는 주관적 판단 기준 사항이다. 따라서 일반화된 객관적 판단 기준이 될 수 없다. 즉 절대적 가치와 상대적 가치는 타인과 상호 비교할 수 있는 기준 대상이 아니라는 의미이다. 내가 남을 판단하는 데 오류가 있듯이, 전지적 2인칭 시점에서의 관찰 오류, 타인의 시선으로 나를 바라보는 판단 기준의 오류도 생기게 된다.

'타인 시선을 두려워하지 말라'

관점의 차이 함정에 빠지면 항상 타인 기준하에 본인을 객관화 비교하려는 자아비판 습관이 생기게 된다. 이는 욕구 불만의 원인이 되고 불행의 씨앗이 되고 만다. 삶의 가치는 남들과 비교해서 평가하는 것이 아니고, 오로지 나 자신만의 연출로 주관적 판단하에 결정되는 자기중심적 주체사상, 즉 나만의 독특한 세계관인 것이다.

삶에 있어서 가치의 차이를 만드는 것이 만족도의 차이를 만들고, 이는 삶의 태도와 자세에 변화를 주어 행복감을 높이는 효과를 가져온다. 주관적 판단 기준의 변화가 전체적인 삶의 행복지수 변화를 이끄는 원동력이 된다.

그렇다면 개인의 행복지수를 높일 수 있는 가치의 차이를 만드는 방법에 대해서 검토해 볼 필요가 있다. 삶의 변화를 위해 부의 축적을 통한 방법은 〈도표 8-3〉에서 볼 수 있듯이 만족도가 상승하다가 정점에서 정체된다. 만족도가 더 이상 상승하지 못한다.

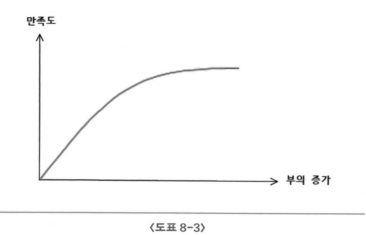

〈도표 8-3〉

　경제력이 증가하여 소비를 확대하고, 물질적 풍요를 누리고, 부의 충족도를 높이면, 생활의 여유로운 안정감으로 인하여 삶의 가치가 일시적으로는 상승하지만 〈도표 8-4〉와 같은 정체 현상을 보이게 된다.

가치의 차이

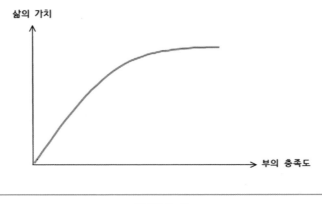

〈도표 8-4〉

앞에서 인간의 욕구에 대한 만족도는 한계효용체감의 법칙이 적용된다는 것을 확인했었다. 〈도표 8-5〉에서 물질적 만족도를 높인다고 하여 삶의 가치가 상승하는 것은 아니라는 점을 주의 깊게 봐야 할 것이다.

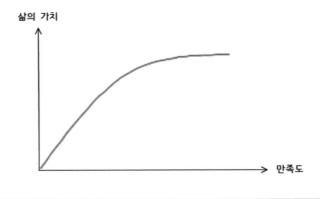

〈도표 8-5〉

삶의 가치가 높아지면 행복지수도 높아진다. 인간의 존엄성과 인권이 보장된 사회, 인간으로서의 절대적 가치를 인정하고, 보호·유지·관리해 주는 사회라면, 행복지수는 기본적으로 상승한다. 그리고 사회구성원 개개인의 상대적 가치가 상승하면, 삶의 가치상승으로 인하여 삶의 보람과 의미를 갖게 된다. 〈도표 8-6〉이 행복지수를 높이는 효율적인 방법이라고 본다.

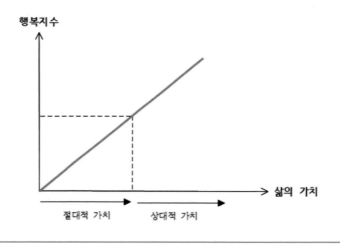

〈도표 8-6〉

앞서 부의 충족이 행복지수를 한없이 높여주는 것이 아님을 알아보았었다. 만족도의 한계성 때문이었다. 행복의 상관계수가 클수록 행복지수가 높아진다.

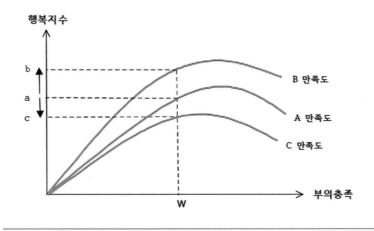

〈도표 8-7〉

B 〉 A 〉 C

b 〉 a 〉 c

행복에 대한 개인적 성향이 클수록 만족도가 크고, 부의 충족 변화가 없더라도 얼마든지 더 행복해질 수 있다.

〈도표 8-7〉에서 보면 경제적 부의 증가가 더 이상 확대되지 않아 충족될 수 없을 때, W 상태에서 행복지수의 변화를 가져올 수 있는 것은 만족도의 기울기 변화뿐이다. 즉 만족도의 민감도 변화로 행복지수의 변화가 가능하다. A 만족도에서 탄력성이 큰 B 만족도가 되면 행복지수도 a에서 b로 상승한다. 이와는 반대로 A 만족도에서 탄력성이 작은 C 만족도가 되면 행복지수는 a에서 c로 하락한다.

경제적 발전이 정체 상태일 때, 행복지수를 높이려면 국민들의 만족도 탄력성을 높여주는 것이 효과적일 것이다.

그렇다면 경제가 발전하여 기술 수준이 높아지고 물질적 풍요를 누리고 있을 때, 부의 증대로 충족도는 높아지지만 행복지수는 올라가지 않는 경우가 있다.

〈도표 8-8〉에서 부의 충족이 b에서 a로, a에서 c로 상승하지만, 만족도의 민감도가 하락하는 경우인데, B 만족도에서 A 만족도로, 그리고 C 만족도로 계속 하락하게 되면 행복지수는 변하지 않는다.

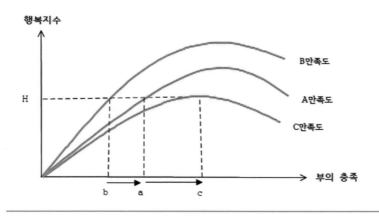

〈도표 8-8〉

B > A > C

b < a < c

국가경제력이 높아져 물질적 풍요를 누리고 있지만, 국민들의 실상은 과거에 비해 삶이 하나도 나아진 게 없다고 느껴져 행복지수가 상승하지 못하는 경우다. 경제가 고도로 성장함에 따라 빠른 물질적 풍요를 누리는 것에 비해 따라가지 못하는 정신적 풍요의 괴리현상 때문일 것이다. 사회구성원들의 의식구조 변화가 필요한 시점이다.

어쩌면 한국의 국민들이 요즘 실생활에서 느끼는 행복감을 대변하는 듯하다.

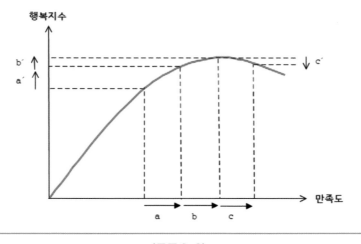

〈도표 8-9〉

a = b = c

a′ 〉 b′ 〉 c′

일반적으로 삶에 대한 만족도가 상승하면 행복지수도 상승한다. 그러나 상승률은 점차 감소하고 정점을 지나면 만족도를 이전처럼 똑같은 크기만큼 증대시켜도 행복지수는 상승하지 못하고 오히려 하락한다. 〈도표 8-9〉에서 만족도를 a만큼 b를 증대해도 행복지수는 a'보다 적은 b'만큼 상승한다. 상승률이 체감한다. 점점 감소하여 정점 이후에는 만족도를 이전처럼 똑같이 c를 높여도 행복지수는 오히려 c'만큼 하락한다. 삶에 대한 만족도를 높여서 어느 정도 행복감을 높일 수는 있지만, 과욕은 오히려 행복도를 떨어뜨리는 손해를 보게 된다.

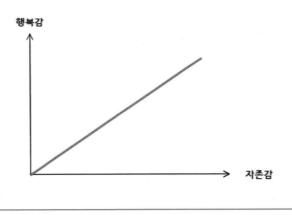

〈도표 8-10〉

각 개인의 특성을 구분 짓는 자존감은 스스로 높여나갈수록 자신의 행복감도 스스로 높아진다. 〈도표 8-10〉처럼 비례적으로 상

가치의 차이

승한다. 지금 자신이 불행하다고 느껴진다면, 자존감을 높여주는 것이 좋은 해결책이다. 가끔은 세상에 굴하지 않는 자존감이 필요할 때가 있다. 자존감이 낮으면 다른 사람들의 사소한 비판에도 민감하게 반응하고, 이를 무조건 부정하려는 경향이 있다. 이에 반해 스스로 존중하는 사람은 타인의 시선 및 평가에도 대수롭지 않게 여기고 당당하게 살아간다.

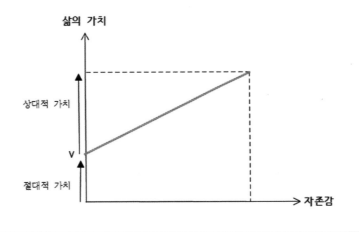

〈도표 8-11〉

사람은 누구나 자존감이 있다. 신분의 높고 낮음, 경제적 빈부의 차이, 권력·직책의 차이, 힘이 있고 없고의 차이에 상관없이 자존감은 그 사람의 본질적 특성을 구성하는 근원이다.

자존감에 의해서 삶의 가치가 향상되는데, 그것은 개성을 특정하게 되는 상대적 가치를 연출하면서 창출하게 된다. 자위적 의식이 없는 상태, 장애 및 질병으로 인한 의사표시 불능상태, 유아기 영아기 때의 미숙아 상태 등 이러한 상황에서도 인간의 절대적 가치는 존재한다. 〈도표 8-11〉에서 자존감이 없다고 할지라도 V 점은 인간의 기본생존권, 인권의 최소한계치로서 인간의 존엄성을 위해 보장되어야 할 부분이다.

아무리 하찮아 보이는 아랫사람이라고 할지라도 자존감을 건드려 무너뜨리지는 말아야 할 것이다. 상대방의 최소한의 자존감은 지켜주는 것이 인간으로서의 절대적 가치를 인정해 주는 것이기 때문이다. 절대적 가치를 파괴할 수 있는 권한은 오직 신에게만 있기 때문이다.

> 자존감 = 현재가치+기대가치+미래가치
>
> · 현재가치: 현재의 능력에 의한 지속 가능한 가치
> · 기대가치: 현재시점의 확실성 상황하에서의 미래 잠재능력예측
> · 미래가치: 미래시점의 불확실성 상황하에서의 미래 잠재능력
>   예측

자존감은 과거에서 현재에 이르기까지의 누적된 가치뿐만 아니라 미래시점의 불확실성에 대해서도 모든 가치를 평가하여 구축해

가치의 차이

야 할 것이다. 스스로 과소평가하여 낮추지 말고, 다소 높게 자신을 존중하는 것이 행복지수도 높이고, 삶의 영역에서도 긍정적인 효과로 작용하게 된다.

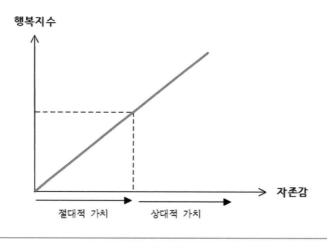

〈도표 8-12〉

자존감이 높을수록 행복지수는 상승한다. 행복지수가 외적 변수의 영향을 덜 받기 위해서는 자신의 본질적 가치를 높여서 절대적 가치와 상대적 가치를 확고부동하게 정립할 필요가 있다.

행복지수는 삶의 가치의 영향을 많이 받는다. 그리고 삶의 가치는 자존감과 만족도의 변수에 의해 구축된다. 행복지수와 삶의 가치, 그리고 자존감과 만족감에 대한 상관관계는 다음과 같이 표현된다.

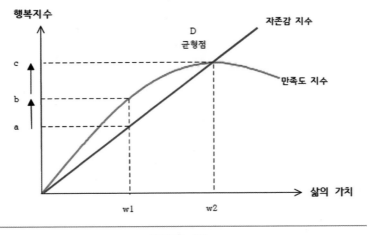

〈도표 8-13〉

① 만족도 지수 〉 자존감 지수

삶의 상대적 가치를 높여서 행복지수를 높일 수 있다. 〈도표 8-13〉 균형점 D까지는 만족도 지수가 자존감 지수보다 더 높아서 삶의 가치를 증대할수록 행복지수가 상승한다. 삶의 가치가 w1에서 w2로 확대되면 행복지수는 b에서 c로 상승한다.

현재의 삶에 대한 만족도를 높이고, 아주 작은 것에도 감사하고 만족하는 생활 태도가 필요하다. 현재 자신의 자존감보다 더 높은 자기만족도를 유지할 수 있으면, 더 많은 행복감을 느끼게 된다.

초과된 잉여지수만큼 행복지수를 유지하기 위해서는 현재의 능력보다 더 높은 적당한 자기만족이 필요하다는 의미이다.

가치의 차이

② 만족도 지수 〈 자존감 지수

〈도표 8-13〉 균형점 D 이후에는 자존감 지수를 높여서 삶의 가치를 확대하고, 행복지수를 상승시킬 수 있다. 만족도 지수의 한계로 인하여 생활 태도 자세의 변화만으로는 행복지수를 높일 수 없다. 따라서 자존감을 높여서 상대적 가치를 올리는 것이 행복지수를 상승시키는 방법이다.

물질적 만족, 욕구 충족보다는 자존감 지수를 더욱 높이면 행복지수가 올라간다. 세상을 살면서 욕구 만족은 모두 충족되지 않을 것이다. 한계효용체감의 법칙에 따라 만족도의 한계성 때문에 물질적 만족을 한없이 충족시켜도, 행복지수는 더 이상 상승하기 어렵다. 이때에는 자존감 지수를 높이는 역량 강화 훈련에 집중하는 것이 행복지수를 높이는 효과적인 방법일 것이다.

앞에서 상관계수의 탄력성 변화에 따른 효과에 대해서 설명했었다. 여기서는 행복지수에 영향을 미치는 탄력성 효과를 분석해 보고자 한다.

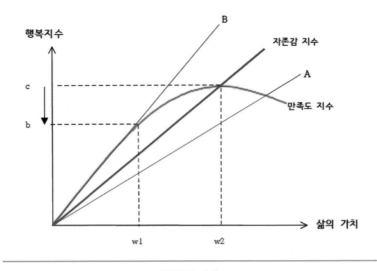

〈도표 8-14〉

만족도 지수의 변화 없이 자존감 지수의 기울기 민감도만 높아지면 삶의 가치는 떨어지고, 행복지수는 더욱 감소·하락한다. 〈도표 8-14〉에서 자존감 지수의 그래프가 B로 높아지게 되면 만족도 지수 선과의 접점인 균형점이 이동하게 되어 삶의 가치도 w2에서 w1로 낮아진다.

결국, 행복지수는 c에서 b로 하락하게 된다. 만약 자존감 지수의 그래프가 A로 낮아져도 마찬가지로 균형점 이후의 만족도는 하락하게 되어 행복지수도 떨어진다.

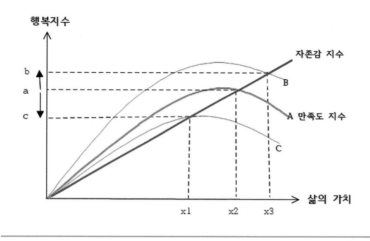

〈도표 8-15〉

· 삶의 가치: x1 〈 x2 〈 x3
· 행복지수: c 〈 a 〈 b
· C 〈 만족도 지수 A 〈 B

자존감 지수의 변화 없이 만족도 지수의 기울기만 증가할 경우, 삶의 가치도 증가하여 행복지수가 높아진다. 만약 만족도 지수의 기울기가 작아질 경우에는 삶의 가치도 낮아지고 행복지수도 떨어진다.

〈도표 8-15〉에서 만족도 지수의 그래프가 A에서 B로 커지게 되

면 균형점은 상승하여 이동한다. 이에 따라 삶의 가치도 x2에서 x3로 확대되고 행복지수가 a에서 b로 높아진다.

만약 반대로 만족도 지수의 기울기 탄력성이 떨어진다면, 만족도 지수의 그래프가 A에서 C로 이동하고, 삶의 가치는 x2에서 x1으로 떨어지고 행복지수는 a에서 c로 하락한다.

삶에 대하여 만족도의 민감도가 떨어지면, 매사에 욕구 불만이 많아지게 되고 결국 행복지수가 낮아지게 된다. 만족도 탄력성의 하락은 삶의 생활 태도, 자세가 저기압이 되어 항상 의욕을 상실하고 우울한 나날들을 살게 된다. 이는 생활 속의 활력이 떨어지게 되어 스스로 불행을 좌초하게 된다는 의미이다. 삶의 가치도 떨어지게 되고, 자존감도 떨어져서 매사에 자신감이 없어지고, 자존감 상실로 인한 행복감 상실의 악순환이 반복되게 된다.

나의 자존감은 어디에서 오는가? 세상일에 자존심이 상할 필요는 없다. 자존심이 상할 정도로 나의 자존감이 낮은 것일까? 자존감을 높여서 사소한 일에 내가 굴복하는 것이 아니라, 수용하는 것일 뿐이다.

그 정도의 일로 나의 자존감이 무너지지는 않는다. 자존심이 상해서 마음의 상처를 입을 정도는 아니다. 무릎을 꿇는 굴욕을 당할지라도 자존감은 굽히지 마라. 그게 너의 가치니까…

행복의 반대는
불행이 아니다

the theory of new happiness

어느 날 문득 여러 가지를 생각하다 보니 걱정거리가 생겼다. 요즘 내가 너무너무 행복한 것이 불안하다. 만약 갑자기 행복한 것들이 모두 하루아침에 사라져 버린다면, 모두 잃어버린다면 엄청난 불행이 닥쳐올 텐데… 그때는 어떻게 살아가지?

그러나 행복의 반대는 불행이 아니다. 행복은 인간의 처한 상황이나 조건이 기쁨, 정서적 안녕감, 희망 등 긍정적 감정에 몰입된 상태를 말한다. 불행은 인간이 처한 상황이나 조건이 심리적으로 부정적 감정에 몰입된 정신 상태를 말한다. 여기에는 슬픔, 분노, 혐오, 고통, 좌절감, 공포심, 우울, 외로움, 불만족 등이 있다. 일반적으로 자기통제의 범위 안에 있어 극복할 수 있다. 그러나 한계의 범위를 넘는 경우에는 병리적 현상까지 나타나게 된다. 불행의 요소는 삶의 질을 떨어뜨리는 근본 요인이다. 뇌 과학에 의하면 육체적 고통과 사회적 감정에서 오는 고통이 MRI 촬영 결과 뇌의 동일한 부분에서 작용한다고 한다.

타인의 고통, 어려움, 불행, 슬픔도 공감도에 따라 내 고통처럼 느낄 수 있다는 것이다. 그러나 행복감은 뇌에서 불행을 느끼는 부분과는 전혀 다른 시스템에서 작동하고 있다. 따라서 행복과 불행은 별개의 문제인 듯하다.

인간 삶의 정서와 상태는 행복과 불행, 선과 악, 삶과 죽음처럼 이분법적으로 대립되어 있지만, 행복과 불행은 zero-sum game처럼 어쩔 수 없는 선택의 길이 아니다. 행복의 반대는 불행이 아니다.

'행복 끝 불행 시작, 불행 끝 행복 시작'

마치 동전 던지기처럼 앞 아니면 뒤라는 착각 속에 살아왔다. 종이 앞면, 뒷면처럼 불행과 행복도 양자택일처럼 생각해 왔던 게 우리의 과거 삶 습관 자체였다.

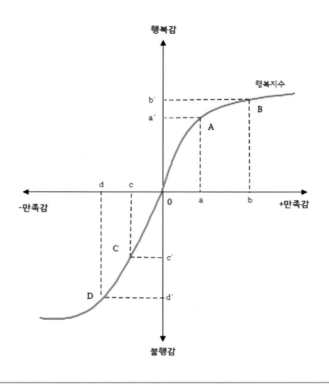

〈도표 9-1〉

우리가 행복 요소를 침해당하거나 상실했을 때, 위 〈도표 9-1〉처럼 만족감이 b에서 a로 줄어서 행복지수는 B에서 A로 이동한다. 행복감은 b´에서 a´로 감소한다. 그래도 불행 상태가 아니다. 만약 A 상태에서 행복 요소를 모두 손해 보거나 강탈당했을 경우에는 행복 요소로 인해 생겼던 만족감 a가 전부 0이 되고 행복감은 a´에서 0으로 감소한다. 즉 제로 상태가 된다. 무소유 상태로서 불행이 아니다. 처음부터 애초에 없었던 대로 돌아간 것에 불과하다. 불행하다고 느끼는 것은 과도한 피해의식으로 인한 고정관념에서 온 착각 오류다. 착각 오류가 심하면 때로는 불행감에 대한 공포심이 타인 또는 제삼자에게 분노를 대리 표출 하는 방식으로 사회 불안을 조성하는 경우도 있다.

위와는 반대로 만약에 현재 불행한 상태 D라고 한다면, 불행 요소가 일부 해소될 경우 D에서 C로 이동한다. 불만족이 d에서 c로 줄고 불행감은 d$'$에서 c$'$로 감소한다. 불행 요소가 줄어든 것이다. 이때 만약 불행 요소가 모두 해결되어 불행이 모두 사라졌다면, C에서 0으로 이동한다. 불만족 c는 0으로 없어지고, 불행감은 c$'$에서 0으로 감소한다. 모두 제로 상태인 것으로 행복해진 것이 아니다. 이렇듯 행복도 불행도 개념 인식의 문제지 통제 불가능한 영역이 아니다.

행복의 반대는 불행이 아니다

행복은
선이 아니고 점이다

the theory of new happiness

　　고대 철학계에서는 행복을 인생의 목적으로 보고 정신적, 육체적
으로도 선한 삶을 강조해 왔다. 궁극적으로 해탈의 경지에 오르는
것이 진정한 행복이라고 보고 목표로 생각했었다.

　　독일의 철학자 쇼펜하우어는 행복은 본질적으로 개인의 감성과
인격 문제라고 보았다. 그래서 "행복감은 유전자적 결정론에 따라
선천적으로 타고난 것이다."라고 한다. 쇼펜하우어는 삶의 지혜를
소망하면서도 실제로는 그러지를 못했다고 한다.

　　『긍정심리학』의 마틴 셀리그만(Martin Seligman) 교수는 경제발전
으로 물질적 풍요를 누려도 행복해지지 않는 이유는 물질적 풍요
로부터 얻은 쾌감에 길들여지기 때문이라고 한다. 물질적 빈곤이

해결된 후에는 삶의 의미를 찾기 위해 노력해야 하고 정신적, 정서적 웰빙이 되어야 행복해진다고 한다. 행복의 결정 공식을 다음과 같이 발표하였다.

H행복 = S설정값+C삶의 조건+V자발적 행동

- S설정값: **선천적으로 타고난 것, 유전적 특성, 쾌락의 늪, 자동조절기, 이미 설정된 행복의 범위**행복의 50% 결정
- C삶의 조건: **행복에 영향을 미치는 외적 환경, 돈, 나이, 결혼, 직업, 교육, 건강, 인종, 성, 종교**행복의 10% 결정
- V자발적 행동: **통제할 수 있는 자율성**내적 환경, **노력으로 달성, 긍정적 정서, 신념**행복의 40% 결정

『긍정심리학』에서는 행복의 기준점 S값이 개인별로 선천적, 유전적으로 타고난 범위의 크기가 정해져 있다고 한다. 후천적으로 확대 불가능하여 증진시킬 수가 없다. 만약 행복감이 기준점을 초과 시에는 쾌락에 익숙해져서 행복감은 더 이상 높아지지 않고 기준점까지 다시 떨어진다고 한다. 그래서 행복을 증진시킬 수 있는 방법은 삶의 조건 C(10%)와 자발적 행동 V(40%)라고 한다.

캘리포니아대 심리학 교수 소냐 류보미르스키(Sonja Lyubomirsky)는 행복해지는 능력의 50%는 선천적 유전적 개인의 감성에 달려

있으며, 10%는 개인이 속한 환경과 외적 요인에 의해 결정되고, 나머지 40%는 개인의 후천적 노력에 달려 있다고 한다.

심리학에 문외한인 나로서는 공식도 이해가 안 될 뿐만 아니라, 개인의 특성을 고려하지 않는 비율의 획일화된 적용 문제, 설정값의 선천성과 후천성의 모호한 구분 기준, 관점의 차이에 따른 행복 개념이 오히려 더 어렵게만 느껴진다. 행복감이 부족할 때, 불행감이 크게 느껴질 때, 노력해도 안 될 때는 절반은 조상 탓으로 변명하거나 책임회피 모드가 가능하다는 점이 긍정적 사고방식으로 살기엔 유리한 점이기도 하다.

미시간대의 심리학 교수 필립 브릭먼(Philip Brickmon)과 도널드 캠벨(Donald Campbell)은 원하던 행복의 수준에 도달하면 빨리 적응하고, 다른 목표를 또다시 추구하는 반복되는 행복의 욕구 현상을 쾌락의 쳇바퀴이론(The Hedonic Treadmill)이라고 하였다.

선천적으로 타고난 행복 수준 때문에 쳇바퀴이론처럼 아무리 더 큰 행복을 추구하려고 반복할지라도, 결국 타고난 행복 수준으로 되돌아올 수밖에 없는 운명이라면, 삶의 의미를 찾기가 더 힘들어지는 것은 아닐까? 의문스럽다. 서로 이율배반적인 논리가 전개되는 듯하다.

한편, 심리학에서는 행복을 인생의 과정으로 보고 연구해 오고 있다. 진화심리학에서의 행복은 자극에 의해 뇌에서 합성된 경험의 일부라고 한다. 자극이 뇌의 특정 부위들을 흥분시켜 '좋다'는 일시적 경험을 동물적 본능처럼 합성해 내는 것이라고 한다.

그러한 견해는 처음부터 쾌락과 행복을 구분하지 않았기 때문에 생기는 것이라고 본다. 도파민 효과가 행복의 전부인 것처럼 착각하고 있는 듯하다. 자극에 대한 행복이라고 보게 된다면, 결국 심리학에서의 적응이론 함정에 스스로 빠지게 될 경우에는 설명이 안 될 것이다. 뇌의 도파민 생성으로 인한 행복감과 직접 경험이 아닌 타인을 통한 간접 경험, 내지 어떤 현상을 보고 상상에 의한 행복감을 느끼게 되어 도파민이 생성되는 것은 무엇으로 설명될 것인가 의문점이다.

그리고 도파민 함정에 적용되지 않는 챗바퀴이론도, 적응이론도 적용되지 않는 행복감은 설명되지 않는다. 이타적 소비로 인한 행복감, 또는 기부·봉사활동을 하거나, 또는 하지 않더라도 그 모습을 바라보고만 있어도 공감하게 되어 같은 인간으로서 가슴 뿌듯함을 느끼게 되는 경우도 있다. 타인의 행복감도 나의 행복감으로 동화되는 경우가 의외로 많다. 우리가 살면서 전혀 경험해 보지 못한 것을 TV 다큐멘터리 방송에서 타인의 행동을 보았을 때도 행복감을 느끼곤 한다. 그것이 행복감이라는 것을 인간은 본능적으로 느끼는 것은 아닐까?

진화론적 생존 본능이니 경험론적 발달 심리니 하는 것이 나에게는 아무런 의미가 없다. 의인과 동시대의 같은 하늘 아래 살아

행복은 선이 아니고 점이다

숨 쉬고 있다는 것만으로도 감사하고 기쁘고 행복하다. 동물의 세계가 아닌 인간들의 세상에서 인간만이 할 수 있는 것들… 심리학에서는 적용하기 힘들 듯하다. 이처럼 행복은 쾌락처럼 단순한 조건 반사에 의한 뇌의 호르몬 반응만으로는 설명될 수 없는 고귀한 삶의 가치 중 하나일 것이다.

행복은 인지함으로써 더 효과가 있다. 각인 효과라고 하는데 행복한 행동을 다시 찾게 되는 심리학적 긍정적 효과다. 진화심리학에서 행복을 자극적 관점에서 접근하는데, 시간이 지나면 자극효과도 둔화되거나 사라지고 소멸되는 것으로 보고 있다. 심리학의 설정값이론, 적응이론, 쳇바퀴이론도 행복을 쾌락이라고 보기 때문인 듯하다.

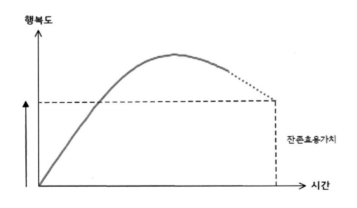

〈도표 10-1〉 행복 요소 효과

행복은 선이 아니고 점이다. 자극에 대한 경험, 보상 효과처럼 일정 기간 후 줄어들어 소멸한 듯하나, 잠재 기억 속에서 추억으로 계속 존재하고 있다. 만약 몇십 년이 지나서도 회상하게 되면 위 〈도표 10-1〉과 같이 잔존 효용 가치만큼 행복감을 느낄 수 있게 된다. 그래서 나이가 들게 되면 추억을 먹고 사는지도 모른다.

어느 날 문득 커피를 마시다가 몇십 년 동안 생각지도 못했던 과거에 행복했던 추억이 스쳐 지나가 버리곤 한다. 그때 그 시절 커피 향이 그립고, 함께했던 친구들과의 시간들이 새록새록 피어오를 때, 지금도 그 느낌 그대로 입가엔 행복한 미소가 떠어진다.

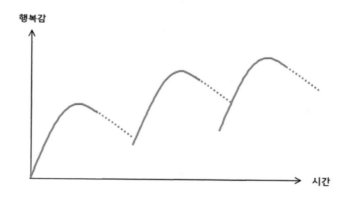

〈도표 10-2〉 행복 요소의 발생빈도

우리는 살면서 수많은 행복한 일들을 경험하고 잊고, 또 다른 행복을 찾고, 이러한 과정을 반복하며 사는 것 같다. 세월이 지나면

　　　　　　　　행복은 선이 아니고 점이다

서 행복했던 기억은 자꾸만 잊혀가는 것만 같다. 인간은 망각의 동물이라서 그런 것일까? 위의 〈도표 10-2〉에서 보면 세로토닌이나 옥시토신의 반응에 의해 생성되었던 행복감은 지속성이 강하여 효과가 장기간 오래 느껴진다.

그리고 행복감에서 느꼈던 정화된 정서적 안녕감 반응은 영속성이 있어 서서히 사라진 듯하나 소멸하지 않고, 잔존가치로서 기억 속에 남아 있다. 행복감은 언제든지 회상할 수 있고, 재생이 가능하다. 〈도표 10-3〉과 같이 행복감은 살면서 평생 동안 우리의 삶 속에서 함께 살아 숨 쉬고 있는 것이다.

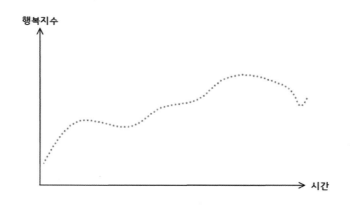

〈도표 10-3〉 행복지수의 장기적 추세변화

사람은 누구나 과거에 행복했던 시절이 몇 번이라도 있었을 것이다. 〈도표 10-4〉에서 보듯이 행복했을 때도 있고 불행했을 때도 있었다. 우리는 수많은 행복 요소와 불행 요소의 충돌, 긍정적인 감정과 부정적 감정의 혼란들, 기쁨과 슬픔이 공존하는 사건·사고 속에서 살고 있다.

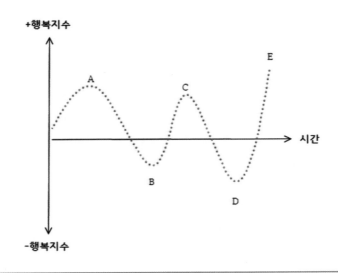

〈도표 10-4〉 인생 전체의 지수변화

날마다 기분에 따라서 수시로 행복감도 변하고, 과거에 행복했던 날들은 기억도 못 하고, 현재 자신의 모습만 비참해 보일 때도 있다. 남들은 다 행복해 보이는데 오로지 나 자신만 불행한 것 같은 비교 습성에서 오는 착각 오류에 빠지곤 한다. 타인의 행복한 모습을 보고는 자신의 행복이 빼앗긴 것으로 착각하여 질투, 시기 또는 파괴적 범죄를 저지르는 경우도 있다.

행복은 선이 아니고 점이다

불행한 사람들 사이에서 자신의 불행은 견디기 쉬운 반면, 남들은 다 행복한 것 같은데, 나만 불행하다고 느낄 때는 견디기 힘들어진다. 이러한 상대적 박탈감을 느끼게 되는 환경에서는 사회부적응으로 인해 우울증이 심해지게 되고, 자살의 가능성이 높아지게 된다. 이는 사회적 문제로서 심리적 변화에 대한 지속적 관심이 요구된다.

"당신은 행복하십니까?"
"잘 지내시죠?"

우리는 항상 습관적으로 현재 시점만을 중요시하고 묻게 된다. 그때그때 기분에 따라서 매일 달라지는 행복감. 평생 살면서 수많은 행복 요소의 발생빈도에 따라 행복지수도 변화해야만 하는가?
그렇다면 오늘 묻지 말고 어제나 일주일 전, 아니면 1년 전에 좀 물어보시지… 그때는 무지 잘나갔었는데…

$$\sum_{n=1}^{\infty} = 행복지수 \qquad \sum_{n=1}^{\infty} = 행복요소잔존가치 \qquad \sum_{n=1}^{\infty} = 불행요소잔존가치$$

삶이란 살면서 수많은 행복 요소와 불행 요소의 양적·질적 팽창 및 소멸 과정에서 균형점을 찾아가는 데 의미가 있는 듯하다. 인생은 어차피 행복만 있는 것도 아니고 불행도 있을 테니, 모든 것을 겪으며 성장하고 극복하는 과정의 연속이라면, 회복탄력성(resilience)을 내포한 새로운 행복지수 지표가 요구된다.

신행복지수는 현재의 상태만을 표현하기보다는 인생 전체에서 행복 요소들의 잔존가치로서 남아 있는 것들의 총합에서 불행 요소들의 잔존가치의 총합을 뺀 값으로 설정되어야 할 것이다. 잠재 기억 속에 남아 있는 흔적들의 총합으로 구성되어야 할 것이다. 아마도 과거의 불행조차 현재의 나란 존재를 만들기까지 소중한 요소로의 역할을 다했을 것이기 때문이다.

현재 나의 행복지수는 얼마인가? 현재 나의 행복지수의 위치는 어디쯤인가? 채워지지 않는 나의 불만족 허전함, 갈증…

빈자리를 무엇으로 채울 것인가가 아니라, 어쩌면, 빈자리가 더 이상 없어도 되는 것을 모르고 있는지도 모른다.

인생은 공수래공수거인가? 빈손으로 왔다가 빈손으로 가는 것. 아니 어쩌면, 사는 동안 이미 다 받고 가는 것인지도 모른다.

있다는 것과
없다는 것의 차이

가난은 불행한 것이 아니라 불편한 것이다. 부자는 행복한 것이 아니라 편리한 것이다. 육체적 물질적으로 편리하게 사는 사람 및 여유 있게 사는 사람들은 불편하게 사는 사람들과 여유 없게 사는 사람들에게 사회적 배려를 해야 하는 이유가 있었다. 부의 축적이 자신의 행복 확대에 한계가 있었음을 과거 선조들은 역사를 통해 증명해 왔다.

따라서 부를 함께 나누면 본인의 행복이 감소하지 않고 오히려 증가한다는 것을 증명하는 것이 신행복이론의 기본 명제이다.

있는 것과 없는 것의 차이가 단순 불편함의 차이밖에 없는가? 그

것이 삶의 절대적 필수적 요건에 해당되면, 인권의 기본권, 생존권, 존엄성과 관련돼 있다면, 차이의 유의성이 존재하는 절대적 빈곤이다. 이것은 대체 불가능한 빈곤으로서 충분히 수용되어야 하고 피드백이 요구되어야 할 사항이다.

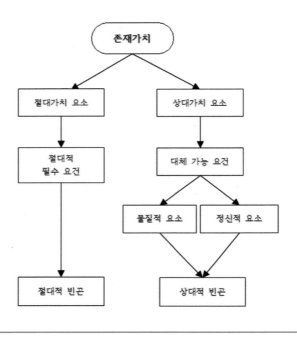

〈도표 11-1〉

차이를 해소하기 위한 능동적 노력과 행동이 필요하다. 개인적으로는 극복 불가능한 사회적 문제로서 국가, 인류의 해결책임 의무에 속한다. 부의 재분배, 부의 독과점 해소 정책이 요구되고 있다.

있다는 것과 없다는 것의 차이

없이 사는 것과 있게 사는 것의 차이는 무엇인가?

부자로 사는 것과 가난한 자로 사는 것의 차이는 무엇인가?

부족함이라는 것은 상대적 가치의 추상적 기회비용이다. 이것은 사람에 따라서는 불편함의 정도 차이에 불과한 상대적 빈곤으로서 충분히 대체 가능한, 큰 차이를 유발하지 않는 의미로 인식되기도 한다.

물질적 요소는 일시적 단기적 육체의 불편, 불만, 피로감을 유발하는데, 이는 건강한 생활 및 부지런한 습관, 대체효용 개발 등으로 해결할 수 있다.

정신적 요소는 건전한 생활 자세, 가치관, 긍정적인 태도로 상황을 극복할 수 있다. 따라서 '상대적 빈곤감', '상대적 벼락 거지'라고 하는 것은 타인과의 비교 의식에서 오는 열등감으로서 자본주의 사회의 물질적 풍요의 한계성 때문이다. 이러한 차이는 행복의 기준이 될 수 없다는 의미이기도 하다.

있다고 해서 행복한 것도 아니고 없다고 해서 불행한 것도 아니다. 없으면 없는 대로 몸이 불편한 것을 극복하고 좀 더 부지런하게 살면 된다.

이는 곧 정신건강을 더 풍부하게 만드는 요인이 된다. 오히려 정신도, 육체도 더 건강해질 것이다. 부자로 사는 것은 물질적 풍요일 뿐 정신적 풍요로움이 아니다. 물질적 풍요의 한계성에 대해서는 앞에서도 이미 설명했었다. 부자이면서 가난하게 사는 사람들이 있다. 정신적 풍요를 누리지 못하기 때문이다.

오로지 물질적 풍요만 추구하기 때문에 오는 상대적 빈곤감은 항상 찾아온다. 정신적으로 행복하지 않은 것을 물질적 행복감으로 채우려고 하기 때문에 더욱 공허함을 느끼게 된다.

소비 중심의 물질적 가치를 중요시하는 사람들의 삶의 만족도가 대체로 낮다는 통계 조사도 많이 있다. 이들은 항상 부족할 수밖에 없다.

남들은 다 있는데 나만 없어 보이는 것들… 나는 아무것도 하지 않았는데, 없다고 거짓 취급하고 바보가 된 기분이다. 상대적 빈곤감, 벼락 거지… 이러한 추세는 시대적 흐름 내지 사회적 조류에 따른 희생양들이다.

TV, 인터넷 미디어, 각종 방송 매체, SNS 등에서 가끔 유명 연예인, 스포츠 스타, 신흥 IT 재벌, 고수익 유튜버·블로거, 고수익 부동산 투자자 및 가상화폐 투자자 등등 그런 사람들의 화려한 삶이 노출되기도 한다. 명품 브랜드, 화려한 저택, 고급 스포츠카 등등 저들의 풍요로운 물질적 행복감에 우리들은 상대적 빈곤감을 더욱 느끼게 된다.

있다는 것과 없다는 것의 차이

남들은 저렇게 다 사는데 나만 없이 사는 듯하고,

남들은 저렇게 다 있는데 나만 없는 듯하고,

남들은 저렇게 다 하는데 나만 못 하는 듯하고,

남들은 저렇게 다 가는데 나만 못 가는 듯하고…

경제발전과 과학기술의 발달로 오히려 물질적 만능주의의 가치가 더욱 확대되어, 재력과 남에게 보이기 위한 이미지, 사회적 지위와 권력 등의 소비사회가 부추기는 물질적 외형적 가치를 인생의 의무로 삼는 사람들도 많아지고 있다.

베블런 효과(Veblen Effect)라고 하여 과시욕, 허영심이 많은 사람들의 상류층 소비 행태로서, 과시적 가격 상승에 따른 수요 증대 효과를 말한다. 명품 브랜드, 고가의 사치품 등은 과시적 가격이 상승하면 상승할수록, 비싸면 비쌀수록 수요가 증가하여 더욱 사려고 오픈런을 하게 된다.

베블런은 『유한계급론』에서 "유한계급에 속하는 사람들에게는 값비싼 물건을 남들이 볼 수 있도록 과시적으로 소비하는 것이 사회적 지위를 유지하는 수단이 된다고 생각한다."고 하였다.

한편 또한 그들을 선망의 대상으로 삼는 추종자, 팬덤도 많아지고 있는 추세다. 과시욕·허영심이 많은 상류층을 선망하여 추종하는 소비 행태를 파노플리 효과(Panoplie Effect), 모방 효과라고 한다.

이래저래 고가의 명품 브랜드, 사치품 등은 다양한 욕구 충족을 위해 소비되고 있는 실정이다. 그렇기 때문에 명품 브랜드의 고가 제품들이 잘 팔리기도 하거니와 그런 회사들의 광고 타깃이 되어 희생되고 있는 것이 현실이다.

극단적인 자기중심주의를 기반으로 한 과도한 소비지향주의가 그들에게 얼마나 행복감을 채워주고 있을까?

하지만 앞에서도 이론적으로 설명했듯이 그러한 소비는 행복이 아닌 쾌락적 소비일 뿐이다.

상대적 빈곤은 부만 말하는 것이 아니다. 외모, 실력, 경력, 가정 형편 등에서 타인과 조건을 비교하여 상대적으로 초라해지는 경우다. 생활 속에서 타인과의 비교 의식이 항상 내재돼 있어 무의식적으로 자기 자신을 낮게 평가하는 습성, 자격지심이나 자신감 부족에서 기인하는 경우가 많다.

상대적 빈곤감은 비록 개인의 문제지만 사회적 박탈감을 느끼게 되어 우울증이 증대되고 사회적 고독감, 사회적 분노가 증가하게 된다. 이는 개인의 차원을 떠나 사회 전체의 불안 요소로 작용하게 되어 결국 사회적 비용을 유발하게 된다. 따라서 정책적 관리의 대상이어야 하고, 심리적 사회유대 관계 강화 프로그램 등이 필요하다. 사회적 처방만이 해법인 듯하다.

각 개인의 주관적 의식구조 책임이지만, 사회적 분위기를 저해하는 부정적 요인이 크기 때문에 해소하기 위해서 사회적 관심이 더욱 요구되는 것이다.

프랑스 국립통계경제 연구소에 의하면 행복과 불행을 느끼는 정도는 사회적 비교가 결정적 역할을 한다고 한다. 내가 행복하다는 것만으로는 충분하지 않고, 남들이 덜 행복해야만 제대로 느낄 수 있다고 한다. 행복은 상대적인 것으로, 다른 사람과 비교했을 때 '내가 더 행복해 보이면 행복한 것이고, 남이 더 행복해 보이면 내가 불행한 것이다'라고 결정한다고 한다.

이는 과거 우리가 행복 개념에 대한 고정관념 때문에 마음속으로 다른 사람의 행복한 모습을 보며 질투해 왔었는지도 모른다. 아마도 사람은 누구나 행복한 기분을 느끼며 살고 싶어 하기 때문일 것이다.

우리들은 현실과 이상의 괴리에 한계를 느껴 분노를 표출하기도 하는데, 행복해지기 위해 부자가 되고 싶은, 또는 부자가 되면 지금보다 더 행복해질 것 같은 막연한 기대심리 때문인지도 모른다. 그러나 현실의 벽에 부딪힐 때 또는 희망의 두려움에 좌절감을 느낄 때, 대중의 선동자가 되어 사회적 불안을 야기하기도 한다. 아파트 영끌족, 가상화폐 투자 열풍, 묻지 마 투자증권, 등 이러한 시대적 조류…

그런가 하면 상대적 빈곤에 대항하듯이 있어도 그만 없어도 그만이 아니라, 있으면 오히려 귀찮고 불편하다고 여기고, 줄여나가는 소학행, 워라밸, 심플라이프, 미니멀리즘 라이프스타일 운동가들도 있다. 자발적으로 단순한 생활 방식을 통해 불필요한 물건과 이를 줄여 본인이 가진 것에 만족하는 삶을 추구한다. 물건을 적게 소유하면서 생활이 단순해지고 나중에 마음과 생각이 정리되면서 오히려 삶이 더 풍요로워진다는 것이다. 소비나 사용 시간을 줄이면서 남는 시간을 본인이 중요하게 여기는 것에 집중하여 사용할 수도 있다.

보여주기식 화려한 외형적 삶이 아닌 행복의 내실에 집중하려는 합리적인 생활 방식을 취한다. 미니멀리즘을 단순히 실용주의 및 개인주의적 사고방식 또는 시대적 흐름일 뿐이라고 단순히 개인 취향의 선택 문제라고만 분류해서는 안 된다.

이는 진정한 행복의 원천에 기인하는 삶의 기준을 제시한 것으로써 의의가 있다고 본다. 그들은 자존감이 낮아서도 아니고, 부의 축적이 부족해서, 가난해서는 더욱 아니다. 능력이 없어서, 부족해서도 아니고, 의욕이 없어서도 아니고 의지 부족도 아니다. 세상에 대한 생존능력 부족도 아니고 사회 적응력 부족도 아니다. 남들처럼 욕구·욕망이 부족해서는 더욱 아니다.

자발적 단순함은 빈곤하게 사는 것이 아니라 삶의 질을 높이기

있다는 것과 없다는 것의 차이

위하여 절제하며 살아가는 것이다. 자발적 가난은 궁핍한 삶이 아니라 절제하는 삶이다. 이는 인류가 행복 기준개념의 변화 추세에 순응하는 과정 중의 일부라고 본다.

때로는 단순함이 유익한 경우도 의외로 많다. 단순한 장난감 1개만 가지고 사는 아이와 다양하고 셀 수 없이 수많은 신제품 장난감을 보유한 아이들을 비교해 보자.

상상력, 창의력을 발휘할 줄 아는 아이는 아주 단순하고 소박한 장난감 하나만 가지고도, 어느 누구보다 행복할 수 있다.

1개의 장난감으로 놀다 보니 온갖 상상을 하면서 독창성, 창의성이 증진되고, 이는 뇌의 능동적이고 적극적인 자극반응 보상체계의 발달 근원이 된다.

이러한 과정에서 생성되는 도파민은 장기적이고 지속 효과가 커서 스스로 만족감을 극대화하려는 경향이 있다. 주관적 만족의 성취감 놀이는 교육적으로도 아이들의 자존감을 높이는 효과가 큰 것으로 알려져 있다. 결과적으로 자존감이 높아지면 아이들의 행복감은 상승할 것이다. 덴마크의 단순한 블록 장난감 lego의 교육 효과도 이러한 원리가 아닐까?

한편 방안 가득히 수백 개의 장난감을 갖고 있는 아이의 반응을 살펴보자. 새로운 장난감을 손에 넣었을 때만 쾌감을 느끼는 아이는 성취도도 커서 빠른 흥미 관심을 갖지만, 쉽게 싫증을 내고 빨리 질려 한다. 더 재미난 것만 찾으려 하고, 심심하고 따분함을 자주 느끼게 된다. 욕구 불만이 커질 수 있다.

아이는 새 장난감 획득으로 인한 자극의 도파민 생성으로 만족감을 느끼게 된다. 뇌의 수동적, 피동적 자극반응 보상체계에 따라 단기적, 일시적 효과로 나타난다. 새 장난감에 대한 기대가치, 기대효과가 실제로 적으면, 관심도가 급격히 하락하고, 만족감도 급락한다. 결국 또 다른 도파민 자극에만 의존하게 되므로, 새로운 장난감을 찾게 되는 습관이 반복된다.

있다는 것과 없다는 것의 차이가 뇌의 보상체계에도 이러한 영향을 미친다는 것은 생각해 볼 의의가 있다고 본다.

언제부턴가 우리는 TV 방송에서 소소한 행복이라고 하는 것들을 많이 접하게 되었다. 가치가 아주 작아서 또는 흔해빠진 것들이어서, 또는 대부분의 사람들이 하찮게 여기는 것들이라서 소홀히하고, 그동안 별로 중요하게 여기지 않았던 것을 어느 순간 행복이라는 명예로 회복시켜 주는 작은 캠페인 같은 인식의 전환이었다.

특히 유명 연예인이거나, 재력이나 권력이 있는 스타·셀럽들의 서민 코스프레 전략 중의 하나이기도 했다. 물론 작은 것에도 만족할 줄 알고 행복으로 여기고, 모든 것을 소중하게 생각하는 검소함, 자상함, 세심함을 보여준다.

세상을 사랑하는 모습 태도는 긍정적인 메시지를 준다는 사회적 측면에서 보면 바람직하다고 본다. 사회에 대한 불평불만을 갖지 않고 가지고 있는 작은 것에도 만족하고 웃으며 살자는 분위기 조성 풍조는 좋다고 본다.

그러나 우리는 너무 행복을 남발하고 있는 것은 아닐까? 불행도 남발하고… 물질적이든 정신적이든 조금이라도 충족되면 만족하고 무조건 다 행복감이라고 비유해 버린다. 여기서 행복 과신 오류, 착각 오류가 발생할 수도 있다.

행복 요소라 생각했던 것을 만약 침해받는다면 어떻게 대응할 것인가? 만약 행복 요소라고 생각했던 것이 쾌락 요소라면 행복과 쾌락에 대한 교차 착각 오류로 인해 정작 중요한, 대체 불가능한 행복은 잃고, 대체 가능한 쾌락, 없어도 그만인 것에 올인해 버리는 과오를 범할 수도 있다.

인간은 원래 심리적 위험회피 성향이 강하기 때문에 행복보다는 불행이 더 크게 느껴진다. 이로 인해 같은 크기의 행복이라 할지라도 모두 잊히고 불행함만 크게 남아 부정적 감정으로 대응하게 된다. 착각 오류가 사회적 관계 불안 요인이 되는 경우도 의외로 많았었다.

일상생활 속에서 소소한 일도 소중하게 여기려는 비유적 표현일
수도 있다. 그런데 문제는 본인의 기분에 따라 그때그때 달라진다
는 점이다. 본인의 기분이 좋을 때, 기분이 업되어 있을 때, 타인에
게 자신의 행복감을 자랑하고 싶을 때, 분위기 조성을 위한 심리적
표출 유도 방법의 하나이기도 하다.

그런데 본인의 기분이 안 좋을 때는 소소한 행복감이 전혀 느껴
지지 않는다는 점이다. 표현도 안 되고 소소한 행복 요소가 무미건
조한 존재가 되어버린다. 그렇다는 것은 그 요소가 기존의 고정관
념으로 인한 행복 착각 오류라는 의미이다. 행복 요소(N)가 아니고
쾌락 요소(F)이다. 따라서 우리의 삶이 생활 속에서 찾는 소소한 즐
거움에 너무 집착하는 삶이 안 되길 바랄 뿐이다.

이 얼마나 행복한 삶인가! 세상의 아름다운 것들을 볼 수 있는
눈이 있고, 아름다운 소리를 들을 수 있는 귀가 있고, 향기로운 냄
새를 맡을 수 있는 코도 있고, 세상에 다양한 맛을 느낄 수 있는
입도 있으니, 이것만으로도 충분한 것 같다.

이 얼마나 행복한 삶이 아닌가! 모든 것에 감사해야겠다.

행복한 사람들… 내가 다른 사람들보다 더 좋은 사람이라고 생

각하지 말자! 나만 좋은 사람이라고 생각한다면, 좋지 않은 사람들 속에서 사는 나는 얼마나 불행하고 고독해지겠는가!

나보다 더 좋은 사람들 속에서 살고 있다고 생각한다면, 나는 정말 하늘이 선택한 자로서, 주위 사람들의 배려 속에 축복받은 행복을 꿈꾸는 사람일 것이다. 고로 나는 고귀하고 소중한 삶을 살고 있는 것이다.

성공적인
삶이란?

'성공한 사람이 행복한 것이 아니라, 행복한 사람이 성공한 것이다'

행복하기 위해서는 성공해야 한다는 생각을 많이들 한다. 성공의 기준은 사람마다 다 다른데, 주로 개인의 가치관 및 대중적 사회 풍조의 흐름에 영향을 많이 받는다. 단기적, 업적, 실적, 성취 등을 성공이라는 단어로 표현하는데, 인생은 단막극도, 단편 소설도 아닌데 너무 간단히 얘기들 하는 것 같다. 우리가 살면서 평생 가장 많이 듣고 싶어 하는 애칭이 있다면, 바로 '성공한 사람'일 것이다.

성공했다는 의미는 무엇일까? 자신의 주체적인 삶을 살면서 의미 있는 동기와 의지를 바탕으로 목표했던 것을 이루었을 때, 스스로 부족함이 없다고 자부한다면 우리는 그를 성공한 사람이라고 불러줄 것이다. 여기서는 부와 권력, 명예만을 말하지 않는다. 성공의 조건도 사람마다, 각자의 가치관마다 사회적·역사적 환경에 따라 다르게 변천해 왔다.

'역모자가 성공하면 영웅이 되지만 실패하면 역적이 된다'

때로는 사후 역사적 재평가, 시대적 상대 평가 문제도 생기게 된다. 성공이라 생각했는데 나중에 보니 독이 든 성배인 경우도 있다. 예술가들 같은 경우에는 생전에 비평만 받아서 불행한 삶, 고단한 삶을 살다가 쓸쓸히 세상을 떠났으나, 사후 재평가되어 명예를 되찾는 경우도 있다.

그래도 여기에서 가장 중요한 것은 성공의 전제 조건이 무조건 행복이어야 한다는 것이다. 무엇을 성취하거나 실패하였다고 할지라도 행복하다면 성공한 것이다. 성공했다 할지라도 불행하게 느껴진다면 실패한 것이다. '하지 않았더라면 더 행복했을 텐데' 하고 후회가 된다면 실패한 것이다.

'안 하느니 못한…'

목표 달성에 성공하였으나, 성공에 대한 반대급부로 실체적 진실이 드러나 기대가치가 급락하여, 인생 쇠락의 길로 접어드는 경우도 많았다. 특히 정치인, 연예인, 스포츠인 등 여론과 인기로 사는 직업군이 그렇다. 단기적 성공에 집착하여 무리한 도전을 하는 경우, 성공을 성취하였다고 할지라도 대가의 후유증은 크게 남게 된다. 차라리 하지 않았더라면, 더 행복했을 텐데… 잘나갈수록 진실에 더 가까워지게 되고, 그들에 대한 기대가치가 바로 신뢰이기 때문이다.

성공과 실패에 극단적인 구분을 하는 것은 자유경쟁 사회의 또 다른 문제점을 유발한다. 성공에 대한 엘리트의 능력주의적 오만에 따른 사회적 분열과 불만이 증대하여, 오히려 사회 발전이 아닌 퇴보의 원인이 되기도 한다.

기회주의자들의 성공은 사회의 시대적 환경에서 얻은 희생의 대가이므로, 재분배를 위한 부유세의 필요성이 대두되기도 했다. 보상과 대가의 공정성 문제, 승자의 독과점에 대한 정당성 문제, 사회 시스템에 따른 환경적 기회 차이 문제 등이 정의로운 사회구현의 한계인 듯하다. 이러한 한계성을 극복하지 못한다면 승자독식 같은 게임사회화가 되어 사회 불만이 확대되고, 사회 시스템에 대한 불신은 국민의 행복지수를 떨어뜨리는 결정적 요인이 된다.

자유경쟁 사회 시스템은 약육강식의 피라미드 구조를 하고 있다.

성공적인 삶이란?

하위그룹의 희생으로 상위그룹이 존재·유지가 가능하다.

그렇다면 시스템이 붕괴되지 않고 유지될 수 있는 공존의 법칙이 요구된다. 성공과 실패에 따른 보상과 희생의 대가가 공정한 사회일 때, 패자에게는 위로를, 능력자에게는 존중하는 사회가 될 것이다.

올림픽에서 1등을 하여 금메달을 목에 걸었으나 4년이 지난 후 금메달을 박탈당하는 경우도 있다. 정반대로 마라톤에서 6시간 끝에 완주하여 꼴찌를 하고도 영웅 대접을 해주는 경우도 있었다. 만년 은메달 선수에게 박수를 쳐주는 세계인들도 많이 있다. 1위 못할 거라는 걸 우리도, 그 선수 자신도 잘 알고 있다. 그래도 자존심을 버리고 끝까지 최선을 다하는 2위 선수에게 금메달 선수보다 더 박수 쳐주곤 한다. 승패 결과보다도 더 중요한 것은 과정의 의미이기 때문일 것이다.

① 성공의 조건:

(기대가치-기회비용-기회손실) $\geq$ 0
성공 실패의 기대가치 $\geq$ (기회비용+기회손실)

성공의 조건은 목적을 달성한다는 목표가 이루어졌을 때, 성공을 통해서 성취한 업적의 가치가 성공을 위해 희생된 대가들의 합보다는 커야 한다는 것이다. 성공의 과정은 나 자신뿐만 아니라 주변 사람들에게도 많은 영향을 미치기 때문이다. 성공의 목적을 달성하기 위해 포기한 것들의 가치, 기회소멸 된 가치 등이 포함된다.

결국 성공을 위해서는 결과가 아닌 과정이 중요하다는 의미다. 성공의 조건에는 목적을 달성하는 성공뿐만 아니라, 도전에 실패한 것도 포함된다. 단기적으로 실패했다고 할지라도 기대가치가 크다면 성공한 것이다.

② 실패의 조건:

(기대가치-기회비용-기회손실) < 0
성공 실패의 기대가치 < (기회비용+기회손실)

실패의 조건은 목적을 달성한다는 목표가 이루어졌을 때, 성공을 통해서 성취한 업적의 가치가 성공을 위해 희생된 대가들의 합보다도 작으면 성공했어도 실패한 것이다. 주변 사람들에게 너무 많은 희생을 강요한 것은 아닐까? 목표를 달성하지 못한 실패도 마찬가지로 실패의 조건에 포함된다.

성공했든 실패했든 상관없이 기대가치가 너무 작다. 희생의 대가가 너무 큰 경우다. 기회비용과 기회손실이 너무 크면 상처만 남는다.

'하지 않았더라면 더 행복했을 텐데'

성공과 실패의 과정에서의 실체적 진실성 문제, 기대가치평가 문제 등이 사후 더 크게 다가오게 된다. 단기적 성공의 성취 결과가

성공적인 삶이란?

중요한 것이 아니라, 인생 전체의 장기적으로 성공적인 삶에 의의를 두어야 할 것이다.

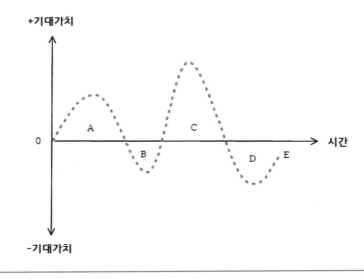

〈도표 12-1〉

〈도표 12-1〉에서 현재 E 시점에서는 (-)기대가치로 단기적 실패 상태이지만, 전체 기간에 대한 총기대가치의 합이 0보다 큰 경우에는 성공적인 삶을 산 것으로 볼 수 있다.

우리는 살면서 겪는 수많은 사건, 사고, 시험, 경쟁, 도전, 기회 등에서 목표에 대한 성공과 실패를 반복하게 된다. 일시적 목표 달성에 대한 개별적 성공, 실패의 성취 결과만으로는 총평할 수 없다는 것을 알 수 있다.

실패하더라도 미래가치가 크게 나올 수도 있고, 성공하였다 하더라도 기대가치가 감소할 수도 있다는 의미다.

지금 당장 눈앞의 성취 결과에만 집착하지 않아야 할 것이다.

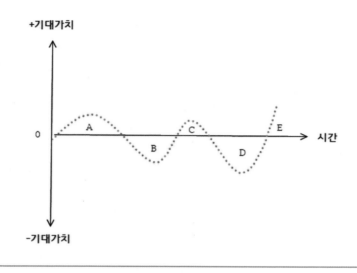

〈도표 12-2〉

〈도표 12-2〉의 현재 E 시점에서는 (+)기대가치로서 단기적 성공 상태이지만, 장기적 전체 기간 측면에서 보면 총기대가치의 합이 0보다 작은 경우이므로, 성공은 몇 번 했다고 할지라도 실패한 삶을 산 것으로 볼 수 있다.

몇 번 성공했다고 자만심, 교만함을 가져서는 안 될 것이다. 전체 기대가치의 합이 작다는 것은 희생의 대가가 크다는 의미이기도 하

성공적인 삶이란?

다. 주변 사람들에게 희생에 대한 감사함을 잊지 말아야 할 것이다.

우리가 사는 지구에는 80억 인구가 살고 있다. 이렇게 많은 사람들만큼이나 많은 사연들을 안고 살아간다. 따지고 보면 누구에게나 사연은 있기 마련이다. 다만 그 사연이 크고 작을 뿐이지…

그런데 크고 작음은 절대적 평가 기준의 대상이 아니다. 상대적 관점의 차이일 뿐이다. 따라서 살아가면서 가장 중요한 것은 상황별 접근방식의 문제 해결 능력이다. 바로 이때 가장 필요한 것이 회복탄력성지수(resilience quotient)의 성향이다. 경험하게 되는 불행한 사건이나 역경, 실패에 대해서 어떤 의미를 부여하느냐에 따라 불행해지기도 하고, 행복해지기도 한다. 회복탄력성지수는 감정통제력, 충동통제력, 낙관성, 원인분석력, 공감능력, 자기효능감, 적극적 도전성 등 7가지 요소로 구성되어 있다. 보통 자기계발 성향이 선천적 50%, 후천적 50%로 이루어지는데, 자기계발 교육훈련을 통해 환경 변화에 따른 다양한 현상들을 해결하는 능력이 향상될 수 있다고 한다.

살다 보면 이런 일도 저런 일도 있을 것이고, 문제에 직면했을 때 절망을 희망으로 빠르게 전환하는 습성이 증진된다고 한다. 실패를 성공으로, 불행을 행복으로, 단점을 장점으로, 약점을 강점으로, 슬픔을 기쁨으로, 분노를 열정으로, 의타심을 이타심으로, 부정적인 것을 긍정적으로 변화를 시도하는 성향을 갖게 된다고 한다.

이러한 성향은 결과에 대한 피드백을 받아들이는 자세에 따라 개인마다 다르게 나타난다는 점이다. R.Q지수가 높을수록 자존감이 높아져 행복지수가 상승하게 된다. 결국 행복지수를 높이는 방법은 우리 자신에게 있는 듯하다.

나의 마지막 소원은 죽기 전 이 한마디…

"그래도 이번 생은 이만하면 성공한 삶이었어!"

성공적인 삶이란?

　사람은 누구나 행복해지기 위해 살고 있다. 인생의 목적을 어디에 두더라도 행복 추구는 인간의 본능일 것이다. 삶의 의미가 종교적 신념에 있을지라도 행복한 삶은 누구나 꿈꾸는 이상향이다. 그런데도 행복에 대한 개념의 차이가 이토록 커야만 하는 것일까?

　진화론적 동물의 본능에 따른 성취 욕구에 의한 행복이 아니라, 보편적 진리를 추구하려는 지혜로운 인간의 모습에서 관점의 차이를 극복하고 이해하여, 인류 공존의 법칙을 스스로 지켜나가길 바랄 뿐이다.

　과거 오류의 인류 역사에서 경험했듯이 "이에는 이, 눈에는 눈"으로 해결할 수 없다는 진리를 또다시 반복하기보다는 "용서와 사랑으로 이웃을 대하라."는 예수님 말씀처럼 행하는 것이 이 땅의 평화를 유지할 수 있는 유일한 방법인 듯하다.

　죽어야만 행복해질 수 있다는 논리를 나는 거부하고 싶다. 살아서 모두가 행복해졌으면 좋겠다.

수십 년 동안 괴로워했던 상념들을 하나둘 회상하면서 펜을 들었고, 수많은 기억의 습작들을 꺼내어 정리하면서 『신행복이론』을 이제야 완결하게 되었다. 미흡한 지식으로 기존 이론들을 오인한 부분이 있다면, 전문가의 아량으로 너그럽게 봐주실 것이라 믿고, 검증할 단체도 없이 독필의 어려움 속에서 완성된 것만으로도 감사를 드릴 뿐이다.

행복의 관점변화에서 삶을 투영해 봤을 때, 또 다른 삶의 의미와 진리가 있다는 것을 알게 되었다. 인생의 전환점, 생각의 전환점이 필요할 때, 이 책이 다양한 좌표를 제시해 줄 것이라고 믿는다. 더 이상 인생의 오류가 미련으로 남지 않길 바라며…

이 책이 새로운 이론에 갈증을 느꼈던 분들에게 조금이나마 해소 역할을 하였으면 좋겠다.

참고문헌 ————————————————————————————

알프레드 아들러, 『A. 아들러 심리학 해설』, 선영사, 2005

알프레드 아들러, 『심리학이란 무엇인가』, 스타북스, 2011

알프레드 아들러, 『아들러 삶의 의미』, 을유문화사, 2019

강영계, 『행복학 강의』, 새문사, 2010

대니얼 카너먼, 『생각에 관한 생각』, 김영사, 2023

데일 카네기, 『인간관계론』, 씨앗을뿌리는사람들, 2004

대린 맥마흔, 『행복의 역사』, 살림, 2008

딘 버넷, 『행복할 때 뇌 속에서 일어나는 모든 것』, 생각정거장, 2019

데이비드 해밀턴, 『행복의 과학』, 인카운터, 2012

리처드 이스털린, 『지적행복론』, 윌북, 2022

마티유 리카르, 『이타심』, 하루헌, 2019

마틴 셀리그만 『낙관성 학습』, 물푸레, 2012

마이크 비킹, 『그들은 왜 더 행복할까』, 마일스톤, 2018

마틴 셀리그만, 『긍정심리학』, 물푸레, 2009

마틴 셀리그만, 『플로리시』, 물푸레, 2011

서은국, 『행복의 기원』, 21세기북스, 2021

슈테판 클라인,『행복의 공식』, 웅진씽크빅, 2006

시셀라 복,『행복학개론』, 이매진, 2012

이지선,『꽤 괜찮은 해피엔딩』, 문학동네, 2022

오종남,『은퇴 후 30년을 준비하라』, 삼성경제연구소, 2011

우문식,『긍정심리학의 행복』, 물푸레, 2012

에드워드 호프먼,『아들러 평전, 개인심리학』, 글항아리, 2019

임정환,『행복으로 보는 서양철학』, 씨아이알, 2017

장샤오헝,『느리게 더 느리게』, 다연, 2014

프레데릭 르누아르,『행복을 철학하다』, 책담, 2014

폴 돌런,『행복은 어떻게 설계되는가』, 와이즈베리, 2015

폴 아난드,『무엇이 행복을 좌우하는가』, 느낌이있는책, 2017

Britannica.com

Naver.com, 용어사전 지식백과

Oxfordddictionries.com

Wikipedia.org, 위키백과

신新
행복이론

초판 1쇄 발행 2024. 8. 5.

지은이 류익수
펴낸이 김병호
펴낸곳 주식회사 바른북스

편집진행 황금주
디자인 배연수

등록 2019년 4월 3일 제2019-000040호
주소 서울시 성동구 연무장5길 9-16, 301호 (성수동2가, 블루스톤타워)
대표전화 070-7857-9719 | **경영지원** 02-3409-9719 | **팩스** 070-7610-9820

•바른북스는 여러분의 다양한 아이디어와 원고 투고를 설레는 마음으로 기다리고 있습니다.

이메일 barunbooks21@naver.com | **원고투고** barunbooks21@naver.com
홈페이지 www.barunbooks.com | **공식 블로그** blog.naver.com/barunbooks7
공식 포스트 post.naver.com/barunbooks7 | **페이스북** facebook.com/barunbooks7

ⓒ 류익수, 2024
ISBN 979-11-7263-079-9 03100